Dieses Buch gehört:

Das Kochbuch aus dem Münsterland.

gesammelt, aufgeschrieben und ausprobiert von

Gisela Allkemper und Annelene von der Haar

mit Originalrezepten von

Pinkus Müller und dem Café Schucan

verlegt von
Wolfgang Hölker

ISBN 3-9800058-0-1

Printed in Germany
Imprimé en Allemagne
Gesamtherstellung: Druck + Buch Cramer, Greven

Inhalt

Iärten un Drinken hölt Lief un Siäle bineene!

Wer über diesen scheinbar simplen Spruch nachdenkt, wird sich ein Bild von der Beziehung des Münsterländers zum Essen machen können. Und bei entsprechender Phantasie wird dieses Bild zu einem Gemälde.

Wer sich darüber hinaus mit der plattdeutschen Sprache und Dichtung befaßt, wird erstaunt sein, wie oft da vom Essen und Trinken die Rede ist.

Längst wird auch von weniger „Eingeweihten" die derbe münsterländische Hausmannskost nicht mehr nur belächelt, die sehr zu Unrecht auch auf dem Lande moderneren Gerichten, die von einem echten Münsterländer vielfach als „Quinten" bezeichnet würden, weichen mußte.

Denn einfache Gerichte, gut zubereitet, brauchen einen Vergleich mit der sogenannten feinen Küche nicht zu scheuen, wenn, ja wenn sie mit Liebe zubereitet werden. Auch kommt es nicht auf die Vielzahl der Gewürze an. Es ist viel besser – und meist bekömmlicher – die natürliche Feinheit der Zutaten und deren jeweilige Eigenart zur Geltung zu bringen.

Deshalb freue ich mich auch, daß Frau Gisela Allkemper und Frau Annelene von der Haar, die ja aus dem Herzen des Münsterlandes stammen und hier groß geworden sind, über Jahre diese Gerichte aufgeschrieben und sie auch ausprobiert haben.

Daß dabei der Phantasie, die nun einmal Voraussetzung für gutes Kochen ist, durch diese Rezepte keine zu engen Grenzen gesetzt wird, sei nur erwähnt; denn dieses Buch soll Ihnen am heimischen Herd helfen, die Küche aus dem Münsterland kennen, bewahren und genießen zu lernen. Denn die Küche einer jeden Landschaft ist ein leuchtender Punkt im großen Bau dessen, was man Kultur nennt.

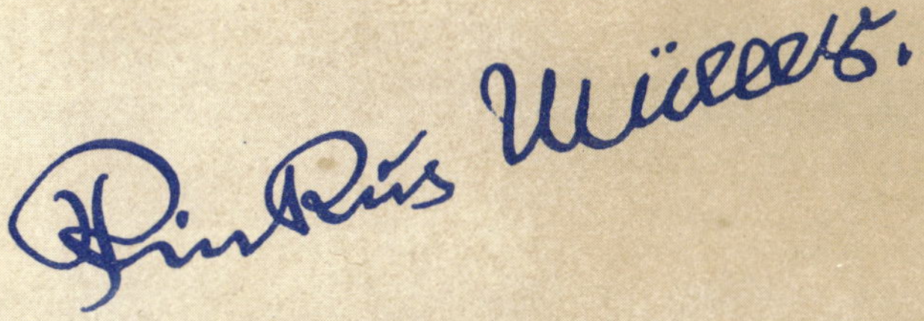

fig. 1

Suppen

Fleischbrühen

Im Münsterland spielen das gekochte Rindfleisch und die Brühe eine wichtige Rolle. Die Suppe gehört zu jedem Sonntags- oder Hochzeitsessen. Das Fleisch reicht man als Zwischengericht im Suppenteller mit Zwiebel- oder Meerrettichsoße, oder man bereitet das Fleisch montags als Ragout zu (siehe Rindfleisch und Zwiebelsoße Seite 29).

Rindfleischbrühe

Zutaten je 500 g Suppenfleisch (Rippenstück, Oberschale, Schwanzstück), 1 l Wasser, ½ Teel. Salz, 1 Bund Suppengrün (Porrée, Möhre, Zwiebel, ¼ Sellerie), 1 Markknochen.

Das Fleisch in kochendem Salzwasser aufsetzen und 1 Std. langsam bei geschlossenem Topf kochen lassen. Danach das Suppengrün zugeben und noch einmal ¼ Std. kochen. Das Suppengrün und das Fleisch aus der Suppe nehmen, das Fleisch kleinschneiden und wieder zur Suppe geben. Die Suppe wird noch einmal mit Salz und Suppenwürze abgeschmeckt. Man kann die Rindfleischbrühe durch Einlagen verfeinern.
Siehe dazu: Suppeneinlagen, Seite 21.
Will man das Fleisch nicht mit der Suppe reichen, kann es als Ragout, Zwiebelfleisch oder Rindfleischsalat verwertet werden. Rezepte dazu Seite 20–21.

Hühnerbrühe

Zutaten je 500 g Suppenhuhn, 1 l Wasser, 1 Teel. Salz, 1 Petersilienwurzel, 1 Beinscheibe vom Rind

Das Huhn und Rindfleisch mit kochendem Salzwasser ansetzen. Nach 1 Std. Kochzeit gibt man die Petersilienwurzel dazu und läßt das Huhn noch einmal 1 -1½ Std. kochen. Der Brühe wird kein Suppengrün zugesetzt, da es den feinen Hühnergeschmack mindert.

Die Zutaten aus der Suppe nehmen. Die Suppe mit Salz und Suppenwürze abschmecken und das kleingeschnittene Fleisch wieder in die Suppe geben. Will man die Suppe ohne Fleisch reichen, so kann dieses zu Frikassée weiterverarbeitet werden. Rezept dazu Seite 46.

Die Brühe kann mit Suppeneinlagen verfeinert werden.
Rezepte dazu Seite 20–21.

Wildsuppe I

Zutaten je 500 g Wildfleisch mit Knochen: 30 g Bratfett, 80 g magerer Speck, 1 l Wasser, ½ Teel. Salz, 1 Bd. Suppengrün (Zwiebel, Möhre, Porrée), 10 Pfefferkörner, 5 Wacholderbeeren, 2 Nelken, 2 Lorbeerblätter, 40 g Butter, 40 g Mehl, 1 Tasse Rotwein, 100 g Pfifferlinge, Petersilie

Ein leckeres Mitter-nachts-süppchen

Fleisch, Knochen und Speckwürfel werden in dem Fett angebraten und mit Wasser abgelöscht. Dazu kommen jetzt die Gewürze und das Suppengrün. Die Suppe muß 2 Std. kochen, danach nimmt man das Fleisch heraus, schneidet es in kleine Stücke und stellt es beiseite. Die Brühe wird durchgesiebt. Aus Butter und Mehl wird eine dunkle Schwitze bereitet und mit der Suppe abgelöscht. Sie wird mit Suppenwürze, Salz, Pfeffer und Rotwein pikant abgeschmeckt. Jetzt gibt man das Fleisch und die in Butter angeschmorten Pfifferlinge wieder in die Suppe. Mit gehackter Petersilie bestreuen.

Probieren Sie doch auch einmal diese für Sie erprobte, moderne Abwandlung der Wildsuppe:

Wildsuppe II

750 g Wildkleinfleisch, 65 g Butter oder Speck, 300 g Suppengrün, 1 Glas Rotwein, Weißbrotwürfel, geröstet, Salz, Pfeffer, frische Sahne

Fleisch und Suppengrün werden in dem Fett angebraten und mit Brühe abgelöscht. Alles salzen und pfeffern und etwa 1 Stunde weich dünsten. Das Fleisch soll so weich sein, daß es vom Knochen fällt und mit dem Suppengrün durch ein grobes Sieb gerührt werden kann. Dann läßt man ein wenig Butter in einem Topf zergehen, gibt zwei Löffel Mehl dazu und läßt es unter Umrühren braun werden. Danach gibt man diese Einbrenne, das durchpassierte Gemüse, sowie das in Stücke geschnittene Fleisch zusammen in die Suppe, läßt alles fünf Minuten lang leise kochen, nimmt es vom Feuer und schmeckt es nun mit Rotwein und Sahne ab. Die Suppe wird mit gerösteten Weißbrotwürfeln angereichert.

Gemüsesuppen

Gurkensuppe

30 g Butter, 1 Salatgurke, 2 Zwiebeln, 1 l Brühe, Salz, Pfeffer, ⅛ l Sahne, etwas Suppenwürze

Die Gurke schälen, längs halbieren, ausschaben und in dünne Scheibchen schneiden. Die Zwiebeln würfeln. Gurke und Zwiebeln in der heißen Butter anschmoren, mit Brühe auffüllen und fünf Minuten weichkochen. Die Suppe wird mit Salz und Pfeffer abgeschmeckt und mit Sahne und Suppenwürze verfeinert.

Tomatensuppe

50 g durchwachsener geräucherter Speck, 2 Zwiebeln, 1 kg Tomaten, 1 l Wasser, 1 Teel. Salz, Pfeffer, ⅛ l Sahne

Den Speck und die Zwiebelwürfel glasig schmoren, die Tomaten dazugeben und anbraten, mit Wasser ablöschen und die Tomaten 15 Minuten lang weichkochen. Statt des Specks kann man auch Brühe vom Schinkenknochen verwenden. Die Suppe wird durch ein Sieb gerührt, mit Salz, Pfeffer und Suppenwürze abgeschmeckt und mit der Sahne gebunden. Nicht mehr kochen lassen. Zugabe: Eierstich, Petersilie oder Schnittlauch.

Spargelcremesuppe

500 g Spargel, 1 l Wasser, 1 Eßl. Butter, 1 Teel. Salz, ½ Teel. Zucker, 40 g Butter, 40 g Mehl, ⅛ l Sahne, 1 Eigelb

Den Spargel schälen und in kleine Stücke schneiden. 1 l Wasser mit der Butter, dem Salz und Zucker zum Kochen bringen, den Spargel hineingeben und in 15 Minuten weichkochen. Aus Butter und Mehl eine hellgelbe Schwitze bereiten, mit der Brühe ablöschen und kurz aufkochen lassen. Die Sahne mit dem Eigelb verrühren und die Suppe damit legieren. Die Spargelstückchen in die Suppe geben und mit Petersilie bestreut zu Tisch bringen.
Sparvorschlag:
Anstelle von Spargel kann man auch die Spargelschalen abkochen.

Kartoffelsuppe

250 g Kartoffeln, 1 l Brühe, Suppengrün, Salz, 20 g Fett, 1 Zwiebel, 1 Eßl. Mehl, Schnittlauch oder Petersilie, geröstete Brotwürfel

Die Kartoffeln werden mit Wasser oder Brühe und mit Suppengrün weich gekocht und passiert. Dann schwitzt man die fein geschnittene Zwiebel und das Mehl in Fett hellgelb, gibt die Kartoffelbrühe hinzu, läßt die Suppe noch einmal aufkochen, schmeckt sie mit Salz ab und gibt die fein geschnittenen Kräuter hinein. Die gerösteten Brotwürfel werden getrennt dazu gereicht.

Tante Emmis Lieblings-gericht

Süße Suppen

Milchsuppe

auch mit Zucker + Zimt

1 l Milch, 1 Eßl. Speisestärke, etwas Zitronenschale, 60 g Zucker, 1 Vanilleschote (heute Vanillezucker), ¼ Teel. Salz, 125 g Hörnchennudeln oder 50 g Sago

Die Milch wird mit dem Zucker, der Vanilleschote, Zitronenschale und dem Salz aufgekocht. Die Stärke mit etwas kalter Milch verrühren und in die kochende Milch geben. Die Suppe wird mit 2 Eigelb verfeinert. Wenn Sago verarbeitet wird, muß er in der Suppe quellen. Die Nudeln werden getrennt von der Suppe gekocht und zum Schluß hineingegeben. Die Vanilleschote und die Zitronenschale herausnehmen und die Suppe mit Schneeklößchen anreichern (s. auch Biersuppe).
Die Suppe schmeckt auch kalt sehr gut. In vielen bäuerlichen Familien ißt man sie nach der Hauptmahlzeit, aber aus dem gleichen tiefen Teller, sozusagen als Dessert.

Buttermilchsuppe

¾ l Buttermilch, 1 St. Zimt, 1 Messerspitze Anis, ½ Teel. Salz, 60 g Zucker, 1 Eigelb, 30 g Speisestärke, 60 g Korinthen

Salz, Zimt und Aniskörner werden in die Buttermilch gegeben. Die angerührte Speisestärke gibt man in die Buttermilch und bringt diese unter ständigem Rühren zum Kochen. Vorsicht, gerinnt schnell! Der Zucker wird mit dem Eigelb verschlagen und in die Suppe gegeben. Die Korinthen fügt man zuletzt hinzu und läßt sie 15 Minuten in der Suppe ziehen.

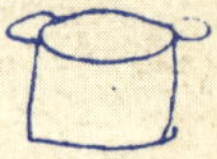

schön süß

Echt gut

Biersuppe

½ l Milch, 1 Pr. Salz, 40 g Speisestärke, ½ Vanille-Stange (heute 1 P. Va.-Zucker), 60 g Zucker, ½ l Bier, 2 Eier

Die Milch wird mit dem Salz, der Vanillestange und dem Zucker zum Kochen gebracht. Die Speisestärke wird mit etwas kalter Milch verrührt und in die heiße Milch gegeben. Danach fügt man das Bier hinzu und läßt die Suppe einmal aufkochen. Die nicht mehr kochende Suppe wird mit den Eigelb abgezogen. Die Eiweiß werden steif geschlagen und mit einem Teelöffel auf die heiße Suppe gesetzt. Man verschließt den Topf mit einem Deckel und läßt die Klöße 5 Minuten auf der Suppe ziehen, damit sie fest werden. Die Klöße dürfen nicht kochen.

Obstsuppe

aus Oma's Garten

500 g Obst: Sauerkirschen oder Holunderbeerdolden oder Äpfel oder Birnen oder Heidelbeeren oder Stachelbeeren, 1 l Wasser, 30 g Speisestärke, 50 - 150 g Zucker je nach Geschmack, etwas Zitronensaft, Zitronenschale

Das gewaschene, zerkleinerte Obst mit dem kalten Wasser und der Zitronenschale zum Kochen bringen und weichkochen. Das Obst durch ein Sieb streichen. Die Obstflüssigkeit wieder zum Kochen bringen und mit dem angerührten Stärkemehl binden. Die Suppe mit dem Zucker süßen und mit dem Zitronensaft abschmecken.
Als Einlage:
Zwieback, Suppenmakronen oder Schneeklößchen (s. Biersuppe).
Diese Suppen sind zur Sommerzeit als Kaltschalen ein gutes Hauptgericht.

Münsterländer Kaltschale

4 Scheiben Schwarzbrot oder Pumpernickel, ½ l saure Sahne, ½ l Dunkelbier, 40 g Zucker, ½ Teel. Zimt

Man reibt altes Schwarzbrot, schlägt mit einem Schneebesen dicke saure Sahne und rührt braunes Bier, Zucker, Zimt und das Schwarzbrot hinzu.

Milch-Kaltschale I

1 l Milch oder Buttermilch, 40 g Zucker, 4 Zwiebäkke oder 4 Scheiben Pumpernickel, ½ Teel. Zimt

Die Zwiebäcke werden in kleine Brocken zerstoßen (Pumpernickel wird zerkrümelt) und mit Zimt und Zucker vermischt in den Teller gegeben. Darüber gießt man eiskalte Milch oder Buttermilch. Sofort essen!

Milch-Kaltschale II

1 l Milch oder Buttermilch, 40 g Zucker, 200 g Erdbeeren, Himbeeren oder Pfirsiche

Das Obst wird gereinigt, in mundgerechte Stücke geschnitten und mit Zucker bestreut. Es bleibt eine Stunde zugedeckt stehen, damit es Saft ziehen kann. Die Früchte werden in tiefe Teller verteilt und mit eisgekühlter Milch übergossen. Sofort verzehren!

Buttermilch-Kaltschale

An heißen Sommertagen empfehlen wir diese moderne Abwandlung der Buttermilchsuppe. Ihre Familie und Ihre Gäste werden begeistert sein.

1 l Buttermilch, ⅛ l Sahne, 500 g gemischte Früchte der Jahreszeit, 1 Päckchen Gelatine (6 Blatt), 1 Eßl. Zucker, 1 Vanille-Zucker, Zimt zum Bestreuen

Das gekochte Obst in kleine Würfel schneiden. Saft und Buttermilch schaumig schlagen. Die Gelatine nach Vorschrift auflösen und in die Suppe geben. Das Obst zugeben, Sahne mit Zucker und Vanille-Zucker steifschlagen und unterheben. Gut durchkühlen. Die Suppe in Teller füllen, ein Sahnekrönchen in die Mitte spritzen und mit Zimt bestäuben.

fig. 2

Suppeneinlagen

Die Leute hierzulande essen die Fleischbrühe gern mit mehreren Einlagen, die man je nach Geschmack unterschiedlich zusammenstellt. Dabei werden folgende Kombinationen bevorzugt:

a) Fleisch – Markklößchen – Blumenkohl – Petersilie
b) Fleisch – Suppennüdelchen – Petersilie – Porrée geschnitten und in der Brühe gekocht
c) Fleisch – Grießklößchen – Spargel – Petersilie
d) Fleisch – Reis (bei Hühnerbrühe) – Spargel – Eierstich
e) Fleisch – Eiereinlauf – Petersilie – geschnittener Porrée (in der Suppe gekocht).

Eiereinlauf

1 Ei, 1 Eßl. kalte Milch, 20 g Mehl, etwas Salz

Das Ei wird mit der Milch, dem Mehl und dem Salz gut verquirlt und tropfenweise in die kochende Brühe gegeben. Das Ei muß sofort so gerinnen, daß große Flocken entstehen. Man erreicht das leichter, wenn man die Flüssigkeit über einen Schaumlöffel gleiten läßt. Nach dem Aufkochen soll die Brühe nur noch heiß gehalten werden, damit sie sich wieder klärt.

Eierstich

2 Eier, 1/8 l kalte Milch, etwas Salz, etwas geriebene Muskatnuß

Die Eier werden mit Salz, Muskat und der Milch verquirlt. Ein kleines Porzellanschüsselchen wird mit Butter ausgestrichen und mit der Eimenge halb gefüllt. Der Eierstich muß im Wasserbad in etwa 30 Minuten stocken. Die fest gewordene Masse stürzen, in Würfel schneiden und in die heiße Suppe geben.

Grießklöße

$^1/_8$ l Wasser, 40 g Butter, 2 - 3 Eßl. Grieß, 1 Ei, Salz, Muskat

Butter in dem Wasser aufkochen, den Grieß schnell einrühren und zum Kloß abkochen. Ei, Salz und Muskat unter die Masse heben. Klöße abstechen und 5 Minuten in der Brühe ziehen lassen.

Markklößchen

50 g Knochenmark, 50 g Paniermehl, 1 Ei, Salz, Muskat, gehackte Petersilie

Das Knochenmark wird sahnig gerührt und mit dem Paniermehl, dem Eigelb, Salz und Muskat vermengt. Das Eiweiß zu steifem Schnee schlagen und vorsichtig mit der Masse vermischen. Nach 15 Minuten Klößchen formen und in Salzwasser oder Brühe 10 Minuten lang ziehen lassen (nicht kochen).

fig. 3.

Fleischgerichte

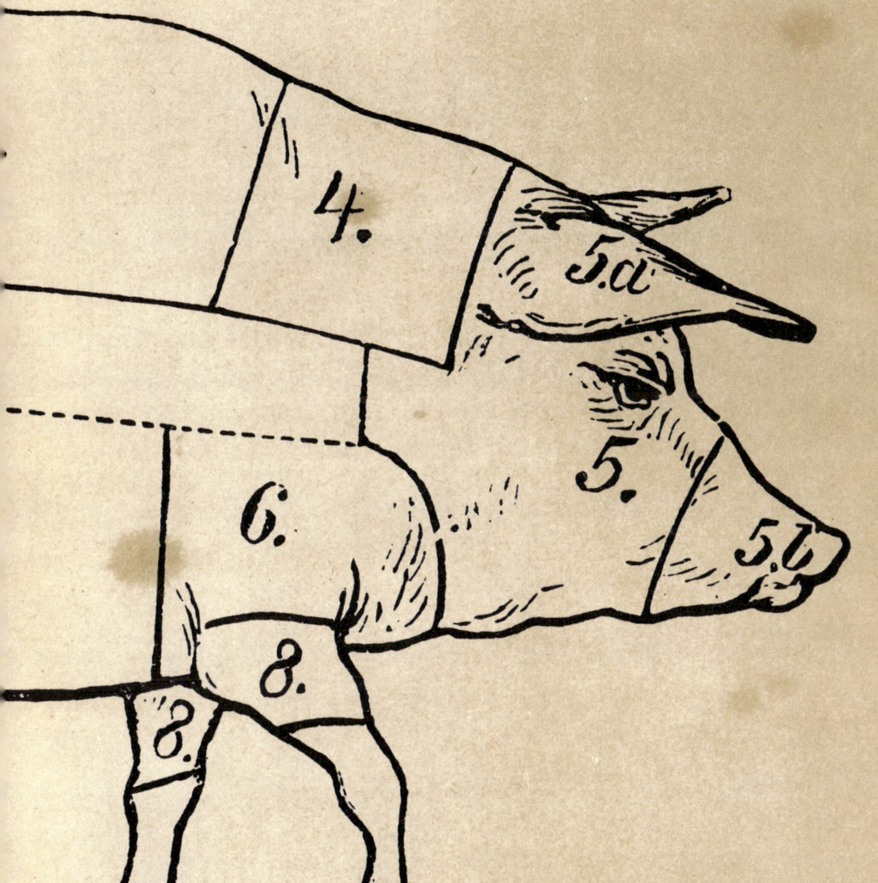

In allen Haushaltungen auf dem Lande war es zu Großmutters Zeiten üblich, ein oder mehrere Schweine zu füttern. Es wurden damit gleichzeitig die Reste aus der Küche verwertet. Aus Zeit- und Platzmangel unterbleibt das Schlachten heute oft in vielen Familien. Aber da, wo noch geschlachtet wird, findet man noch die nachfolgenden alten Rezepte und auch das damit verbundene Brauchtum.

Die Münsterländer Schlachteplatte

Höhepunkt und Abschluß eines solchen Schlachttages bildete das gemeinsame Schlachteessen, zu dem Freunde und Verwandte eingeladen wurden. Zur Begrüßung reichte man einen klaren Schnaps aus dem Zinnlöffel. Man setzte sich gemeinsam in der Küche an den Tisch. In einer großen Gußeisenpfanne wurden möglichst zusammen ein Kranz Bratwurst, kleine Filetchen, kleine Koteletts, Rippchen und Hackfleischbällchen gebraten und auch in dieser Pfanne aufgetragen. Der besondere Reiz dieses Essens bestand darin, einmal nach Herzenslust Fleisch zu essen. Aus diesem Grunde gab es der besseren Verträglichkeit wegen dazu nur frisches Landbrot und Schnaps.

Westfälischer „Rosenkranz"

„Rosenkranz" sind kleine frische Bratwürstchen, zu einem Kranz geformt.

Originalrezept: 500 g Bratwurst, portioniert, 1/8 l Wasser, 20 g Schmalz

Das Wasser in der Pfanne erhitzen, die Bratwurst darin auf beiden Seiten dünsten, bis das Wasser verdampft ist. In der fast trockenen Pfanne das Schmalz zerlassen und die Wurst darin anbraten. Sie wird möglichst im Kupferpfännchen serviert.
Abwandlung: 40 g Schmalz in der Pfanne zerlassen und die Bratwurst auf kleiner Flamme 7 Minuten auf beiden Seiten braten.
Dazu Bratkartoffeln und frischer Salat in Sahnesoße. Rezept s. S. 80.

Schweine-Rippchen

500 g Rippchen, Salz, Pfeffer, 2 Eßl. Schmalz, ½ Teel. Dillsamen, 2 Zwiebeln, ¼ l Wasser, 20 g Mehl

Die Rippchen mit Salz und Pfeffer einreiben und im heißen Schmalz von beiden Seiten braun anbraten. Kurz vor dem Ablöschen die Zwiebeln mit anbraten, mit Wasser ablöschen, Dillsamen zugeben und gar schmoren. Mit angerührtem Mehl binden und mit Salz und Pfeffer abschmecken. Dazu reicht man Salzkartoffeln oder Röstkartoffeln und grünen Salat.

Spanferkel

1 kleines Spanferkel, Salz, Pfeffer, Butter, Zwiebeln

Das Spanferkel, vom Metzger bratfertig vorbereitet, wird außen und innen gesalzen und gepfeffert und mit dicken, abgezogenen aber ganzen Zwiebeln gefüllt. Von außen bestreicht man es mit Butter und brät es 4 Stunden am Spieß oder im Backofen des Bäckers.
Beilagen: Gemüsesalate oder Sauerkraut und Salzkartoffeln oder Bauernbrot und Bier.
Ein gut gekühlter Korn sollte neben dem Bier nicht fehlen.

Gebratener Schinken

Ein kleiner gepökelter Schinken mit Knochen wird mit der Schwartenseite, die man kreuzweise eingeschnitten hat, nach oben in die Fettpfanne des Backofens gelegt. Man übergießt ihn mit einer Tasse kalten Wassers und wiederholt dieses halbstündlich. Den Schinken bei 200° etwa 4 Stunden lang braten. Nun den Knochen auslösen und den Schinken noch im abgeschalteten Backofen etwa 30 Minuten auskühlen lassen. Dieser Schinken reicht für 15 Personen und ist attraktiver Mittelpunkt eines rustikalen Festessens oder kalten Büffets. Man reicht dazu am besten Kartoffelsalat, Tomatensalat und selbstgebackenes Bauernbrot. Rezepte s. S. 80 und S. 100

Schinkenbraten nach Großmutters Art

2 – 3 kg Schinkenstück (Vorderschinken) ohne Fett und Schwarte
Marinade: ½ l herber Rotwein, ⅛ l Essig, 3 Zwiebeln, gewürfelt, 16 Wacholderbeeren, zerstoßen, abgeriebene Schale von 2 Zitronen, 4 gr. Lorbeerblätter, zerkleinert, 2 Teel. getrock. Estragon, 1 Teel. gemahl. Nelken, 1 Teel. Pimentpulver, 1 Teel. gemahl. Ingwer, 1 Teel. gemahl. Pfeffer
Zum Braten: 40 g Schmalz oder Öl, 1 Teel. Salz, 40 g Mehl, ½ Tasse Sahne

Dieses Rezept erfreute sich zu Großmutters Zeiten großer Beliebtheit. Es ist heute weitgehend in Vergessenheit geraten. Es lohnt sich, es auszuprobieren! Folgendermaßen wird es zubereitet: Aus den angegebenen Zutaten wird eine Marinade hergestellt. Das Schinkenstück wird darin 2 – 3 Tage lang eingelegt und während der Zeit mehrmals gewendet. Aus der Marinade nehmen, mit Küchenkrepp abtrocknen und salzen. Das Fleisch in Schmalz anbraten und mit soviel durchgesiebter Marinade auffüllen, wie notwendig zum Schmoren ist. Eventuell nachgießen. Die Bratzeit beträgt etwa 1 ½ Stunden. Das Fleisch in Scheiben schneiden und im Backofen warmhalten. Die Soße mit Mehl binden, mit Sahne verfeinern und eventuell mit Pfeffer nachwürzen. Die Soße wird getrennt vom Fleisch gereicht. Dazu serviert man Rosenkohl oder Rotkohl und Salzkartoffeln. Eleganter ist heute: Warme, mit Preiselbeeren gefüllte Birnen werden um das Fleisch gelegt.

Hochzeitsbraten

1 ganzes Rinderfilet, 2 Eßl. Senf, Salz, Pfeffer,
2 Zwiebeln, Schmalz zum Braten

Das Filet häuten, salzen, pfeffern und mit Senf bestreichen. In Schmalz rundum knusprig braun anbraten, kurz vor dem Ablöschen mit Wasser 2 feingehackte Zwiebeln mitbraten. Das Filet während des Schmorens immer wieder begießen. Wenn es gar ist, auf einer großen Platte in der Mitte anrichten. Umlegt wird das Filet mit vielen

Gemüsesorten: Buttererbsen und -bohnen, Möhren, Spargel oder Schwarzwurzeln (je nach Jahreszeit), geschmorte Tomaten und Champignons.
Diese reichhaltige Platte war früher und ist auch heute noch Kernstück eines festlichen Essens.

Und als Nachtisch: Welfencreme! (Hmm!!)

Pfeffer-Potthast

Ein Ragout, das weit über die Grenzen des Münsterlandes bekannt und beliebt ist.

500 g Hohe Rippe (ohne Knochen), ½ l Wasser oder Fleischbrühe, 2 Nelken, 10 Pfefferkörner, Salz, Pfeffer, 6 Zwiebeln, 1 Lorbeerblatt, 1 Eßl. Kapern, 2 Eßl. Zitronensaft, 40 g Schmalz, 3 Eßl. Paniermehl

Das Fleisch in schmale Kantenstückchen schneiden, Zwiebeln klein schneiden und im heißen Schmalz anrösten. Nun das Fleisch dazugeben und ganz kurz mitrösten, dann mit Wasser oder Fleischbrühe auffüllen, salzen und Pfefferkörner, Nelken und Lorbeerblätter dazugeben. Alles etwa ¾ Stunde lang schmoren lassen. Jetzt kommt das Paniermehl dazu. Alles nochmals kurz aufkochen lassen, den Pfefferpotthast mit Zitronensaft und Pfeffer pikant abschmecken und zuletzt die Kapern dazugeben. Dazu ißt man Salzkartoffeln und Gewürzgürkchen oder Rote Beete. Rezepte dazu Seite und Seite

Münstersches Pfefferpotthast

Rezept von "Pinkus Müller"

1 kg magerer Rinderkamm, 1 Teel. Salz, 600 g Zwiebeln und in Scheiben geschnitten, 50 g Schmalz, ½ Teel. geschrotener Pfeffer, 100 g Semmelbrösel, 1 großes Lorbeerblatt, ca. 1 l Fleischbrühe, 1 abgeriebene Zitronenschale

In einer tiefen Kasserole 50 g Schmalz erhitzen. Das in grobe Würfel geschnittene Rindfleisch darin unter häufigem Wenden leicht an-

braten. 600 g in Scheiben geschnittene Zwiebeln, 1 Teelöffel Salz, ½ Teelöffel geschrotener Pfeffer, ½ Teelöffel Kümmel und 1 großes Lorbeerblatt hineingeben. Sodann mit Fleischbrühe gut bedecken und 1 ½ bis 2 Stunden köcheln lassen, bis das Fleisch nur noch sehr geringen Widerstand zeigt, wenn man es mit einem Messer ansticht. Den Flüssigkeitsstand gelegentlich prüfen und bei Bedarf nachgießen, damit das Fleisch während der gesamten Kochzeit unter Flüssigkeit bleibt.
Nach dem Garen werden 100 g Semmelbrösel langsam eingerührt und kurz aufgekocht. Mit abgeriebener Zitronenschale abgeschmeckt, mit verschiedenen kalten Beilagen (Perlzwiebeln, kleinen Gürkchen etc.) und frischen Salzkartoffeln serviert.

Als Abschluß: Westf. Quarkspeise.

Pikanter Rindfleischtopf nach Art des Hauses „Pinkus Müller"

800 g mageres, gut abgehangenes Rindfleisch, ½ Teel. Pfeffer, 3 große, in Würfel geschnittene Zwiebeln, ½ Teel. Salz, 1 ½ kg gekochte, kalte Pellkartoffeln, in Scheiben geschnitten, ⅛ l Milch, ¼ l saure Sahne

Man nimmt zu diesem beliebten und herzhaften Gericht 800 g mageres, gut abgehangenes Rindfleisch, welches in kleine Würfel von 15 g geschnitten und kurz angebraten wird. Dann bereitet man eine Puddingform vor, indem man sie mit Butter ausstreicht und lagenweise mit geschnittenen Pellkartoffeln, Fleischwürfeln und gewürfelten Zwiebeln beschickt. Jede Lage wird mit Salz, Pfeffer und Butterflöckchen belegt, die letzte Schicht mit zerquirlter saurer Sahne und Milch begossen. Die Form wird fest verschlossen und im Wasserbad 2 ½ Stunden gar gekocht.

Rindfleisch mit Zwiebelsoße

1 kg Rindfleisch (gekocht s. Suppe)
Soße: 250 g Zwiebeln, 40 g Butter oder Margarine, 40 g Mehl, 3/8 l Brühe, Salz, Pfeffer, Zucker, Essig

Zubereitung der Soße: Die Zwiebeln abziehen und in Würfel schneiden. Das Fett auslassen, die Zwiebeln goldgelb rösten und mit Brühe ablöschen. 5 Minuten lang kochen. Die Soße mit Mehl andicken mit Salz, Pfeffer und Zucker würzen. Soviel Essig dazugeben, daß es eine süß-säuerliche Soße wird.

Das Fleisch in Scheiben schneiden und in der Suppe warmhalten. Früher wurde dieses Gericht bei Hochzeiten serviert. Das Fleisch wurde auf heißen Platten aufgetragen und nach der Suppe vom Suppenteller gegessen. Über das Fleisch goß man reichlich Zwiebelsoße. Man aß dazu nur ein Gewürzgürkchen. Auch heute hat sich dieser Brauch noch erhalten, aber er schwindet mehr und mehr zugunsten des „Montagessens". Bei dieser Abwandlung wird das Fleisch in Würfel geschnitten und in die Soße gegeben. Es wird als Ragout zu Salzkartoffeln mit einem Gewürzgürkchen gegessen.

Münsterländer Töttchen (Original)

Diese Spezialität aus unserer Heimat hat Ähnlichkeit mit Ragout fin. Sie ist jedoch in ihrer Zusammensetzung viel deftiger und stärker gewürzt.

1 Kalbskopf, 1 Lunge, Herz, Wasser, Salz, 10 Pfefferkörner, 2 Nelken, 2 Zwiebeln, 1 Lorbeerblatt, 40 g Butter, 4 Zwiebeln, ½ l Fleischbrühe, 40 g Mehl, Essig, Zucker

Der Kalbskopf wird gut gereinigt, mit Lunge und Herz in kochendem Salzwasser aufgesetzt und mit den Gewürzen etwa 3 Stunden lang gekocht. Das Fleisch aus der Brühe nehmen und kleinschneiden. Die 4 Zwiebeln würfeln, in der Butter glasig schmoren, mit Mehl und Brühe zu einer Soße binden und das Fleisch darunterheben. Das Töttchen wird scharf und süß-sauer abgeschmeckt. Dazu reicht man ein Brötchen oder frisches Bauernbrot, Worcestersoße und Zitronen-

schnitze zum Nachwürzen. Das Töttchen wird in tiefen Tellern serviert.
Abwandlung: In manchen Orten wird das Töttchen nicht mit Worcestersoße serviert, sondern mit Senf. Man verrührt 1 Teelöffel Senf im Teller mit dem Töttchen. Dazu Bier und „Korn".

Töttchen (modern)

500 g Kalbfleisch, 1 Kalbszunge, 1 Markknochen, Wasser, Salz, 10 Pfefferkörner, 3 Nelken, 4 Zwiebeln, 2 Lorbeerblätter, 40 g Butter, 4 Zwiebeln, ½ l Kochbrühe, 40 g Mehl, Essig, Zucker

Zubereitung wie Original.

Töttchen

So macht "Pinkus Müller" es

700 gr. Kalbsschulter oder Brust (schier) oder 1 Kalbskopf, 1 Zwiebel, 1 Eßl. gewürfelte Zwiebeln, 1 Lorbeerblatt, 2 Eßl. Pflanzenfett, 1 Nelke, 2 Eßl. Mehl, 1 Teel. Salz, 1 Eßl. Senf, Worcestershiresauce

Kalbsschulter oder Brust (Kalbskopf) mit 1 Zwiebel, Lorbeerblatt und Nelke in ca. 1 ½ l Wasser garkochen (etwa 1 ½ Stunden). Nach dem Garen das Fleisch aus dem Fond nehmen, etwas abkühlen lassen und von Fett und Sehnen befreien. Den Kalbfleischfond durchsieben und zurückstellen. Nun das Fleisch in ca. 1 – 2 cm grobe Würfel schneiden.
Aus 2 Eßl. Pflanzenfett, 3 Eßl. Mehl und 1 Eßl. gewürfelten Zwiebeln bereitet man eine Mehlschwitze, die mit dem passierten Kalbfleischfond aufgefüllt wird. Das alles wird kurz aufgekocht, das in Würfel geschnittene Fleisch dazu gegeben und mit Senf, Salz und je nach Geschmack mit Worcestershiresauce abgeschmeckt.
Frische Brötchen werden dazu gereicht.

Kaltes Büffet nach Münsterländer Art

Wenn Sie Ihren Gästen einmal etwas anderes bieten wollen, so können wir Ihnen ein kaltes Büffet nach Münsterländer Art vorschlagen. Es sollte rustikal und deftig angerichtet werden.

Fleisch: Ein ganzer Schinken (geräuchert oder gebraten) oder ein Spanferkel; Mettwurstkringel auf dem Holzbrett; Mett mit Zwiebelringen; Schlachte-Wurstplatte: Leberwurst, Blutwurst, Sülze; Frikadellen;
Salate: Kartoffelsalat mit frischer Gurke; Heringssalat; Tomatensalat;
Fisch: Heringe, im Steintopf eingelegt.
Beilagen: Sol-Eier; Schmalz mit Zwiebeln im Steintopf; Roggenbrötchen, Stuten, Pumpernickel; Butter; Gewürzgurken in Omas Zubindeglas; Radieschen, Salz; Menagère mit Salz, Pfeffer, Öl, Senf; Rote Beete;
Suppe: Hühnerbrühe mit Einlagen;
zum Abschluß: Westf. Quarkspeise, in hohen Gläsern serviert.

Unsere münsterschen & eigene Spezialitäten sind kleine Besonderheiten für den Gaumen. Alle diese Gerichte beanspruchen etwas Zeit – weil sie stets frisch zubereitet werden müssen, um sie Mündkes maole to maken!

Pinkussfrau Regina

fig. 4

Fig. 118. Wu

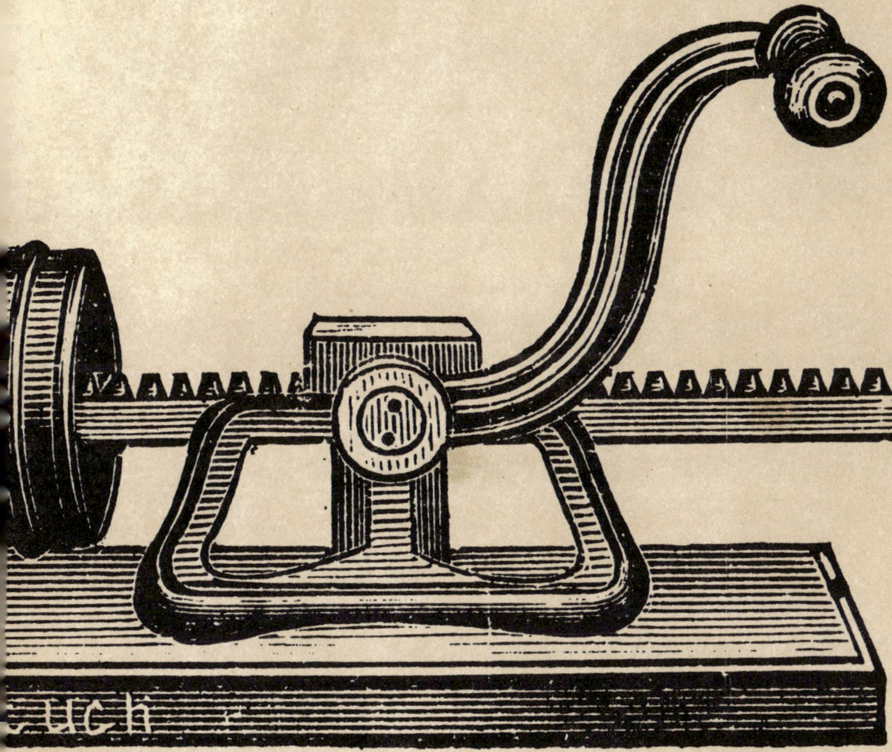

topfmaschine.

Wursten

Schinken aus dem Münsterland

Wenn Sie das Münsterland bereisen, finden Sie in fast jeder Gaststätte auf der Speisekarte an erster Stelle eine deftige Schinkenplatte, bestehend aus Stuten, Pumpernickel, Butter und hauchdünn geschnittenem Schinken. Dazu bekommen Sie einen „Klaren" und ein kühles Bier. Der Schinken wurde schon im Mittelalter wegen seines vorzüglichen Geschmacks gerühmt. Dieser entsteht auch heute noch dadurch, daß die Schinken im „Wiemen", dem Rauchfang des Herdfeuers, mit Buchenholz und Wacholderbeeren geräuchert bzw. getrocknet werden.

Geschlachtet wurden die Schweine früher nach dem ersten Frost. Eine Nacht lang hingen die Tiere draußen auf einer Leiter, bevor sie zerlegt und verwurstet wurden. – Die Schinken werden gepfeffert (besonders am Knochen) und etwa 4 Wochen lang in trockenes Salz, dem sogenannten Pökelsalz, gelegt. Danach wäscht man sie ab und wässert sie 1 – 2 Tage je nach Größe. Anschließend werden sie sorgfältig abgetrocknet, mit wenig Salpeter eingerieben (½ Teelöffel pro Schinken), damit die schöne rote Farbe erhalten bleibt,und in den Wiemen gehängt. Dort bleiben sie, bis die ersten Fliegen kommen. Weil schon eine Made den Schinken verderben kann, wird er sofort in luftdurchlässige Leinensäckchen, die oben fest zugebunden sind, gehängt. Zur Spargelzeit kann man ihn endlich anschneiden, er muß jedoch jedesmal wieder gut verpackt in den Rauchfang zurückgehängt werden.

Es ist ein Vergnügen, im Winter am prasselnden Kamin zu sitzen und in den Wiemen mit den dort hängenden Mettwürsten und Schinken zu schauen. Da glaubt man einem bekannten Dichter, wenn er vom „westfälischen Himmel" spricht. Im Sommer sind die rotkarierten, sauberen Schinkenbeutel im Rauchfang eine Augenweide.

Einen Schinken werden Sie heute kaum selbst bearbeiten, aber versuchen Sie sich mal im Wursten. Hier einige überlieferte Rezepte, mit denen Sie Ihre Familie und Gäste erfreuen können.

Geräucherte Mettwurst

5 kg Schweinefleisch (Vorderschinken), 125 g Salz, 10 g gemahl. Pfeffer, 5 g Salpeter

Das Fleisch von der Schwarte abtrennen und das Fett teilweise entfernen. Das Fleisch durch die grobe Scheibe des Fleischwolfes drehen. Diese Masse salzen, pfeffern und gut durchkneten. 2 Stunden lang ziehen lassen. In dünne Därme füllen und einige Tage an der Luft trocknen. Wichtig: Möglichst keine Luft miteinfüllen. Nach einigen Tagen werden die Würste zum Räuchern gebracht.

Mett

10 Pfd. Schweinefleisch, 100 - 120 g Salz, 6 - 8 g gemahlener Pfeffer, etwas Salpeter

Zu Mett wird am besten das mit Fett durchwachsene Fleisch des Vorderblattes oder Vorderschinkens verwendet. Die Schwarten werden abgelöst, das Fett teilweise entfernt und das übrige Fett mit dem mageren Fleisch in kleine Würfel geschnitten oder durch den Fleischwolf gedreht. Man gibt Salz und Pfeffer hinzu, mischt das Gewürz gründlich durch und läßt das Fleisch eine Zeitlang stehen, damit das Gewürz durchzieht. Das Mett kann man sehr gut frisch essen oder aber auch einkochen: die Masse in Gläser (¾ voll) füllen und nach den allgemeinen Regeln einkochen.

Saure Rolle

½ Seite Bauchspeck ohne Schwarte, etwas Salz und Pfeffer, Sud: 2 l Wasser, 2 Zwiebeln, etwas Essig, Salz, 2 Lorbeerblätter

Den Bauchspeck mit Salz und Pfeffer einreiben, rollen und 2 Tage lang im Kühlschrank durchziehen lassen. Danach wird die Rolle in dem Sud aus Wasser, Zwiebeln, Essig, Lorbeer und Salz 3 - 4 Stunden lang gekocht, so daß der Sud beim Erkalten geliert. Die Rolle im Sud erkalten lassen. Gegessen wird die saure Rolle auf Pumpernickel oder Sauerbrot, mit Senf bestrichen.

Backe mit Zwiebeln und Pfeffer

½ Seite Bauchspeck mit Schwarte, Sud s. Saure Rolle, 3 – 4 Zwiebeln

Den Bauchspeck salzen, pfeffern und 1 Nacht im Kühlschrank ziehen lassen. Dann wird die Backe im Sud 2 – 3 Stunden gekocht. Ist sie gar, wird sie aus dem Sud genommen, mit Zwiebelscheiben belegt und zusammengeklappt. Danach mit Essig beträufeln und erkalten lassen. Serviert wird sie folgendermaßen: In dünne Scheiben schneiden, auf Pumpernickel legen, dick mit Zwiebelscheiben belegen und mit gemahlenem weißen Pfeffer bestreuen.

Originalrezept von Henriette Davidis: Sülze von Schweinefleisch

Schnauze, Pfoten, Ohren und ein Kniestück vom Schwein werden mit ¾ kg magerem Rindfleisch, Salz, einem Liter Essig und so vielem Wasser, daß es ausgeschäumt werden kann, in einem glasierten Topf aufs Feuer gebracht, mit einigen Lorbeerblättern, reichlich ganzem Pfeffer und Nelkenpfeffer so weich gekocht, daß sich das Fleisch von den Knochen trennt. Dann wird die Brühe durch ein Haarsieb geschüttet, bis zum andern Tage hingesetzt. Die Knochen werden aus dem Fleisch genommen, und wenn dasselbe ganz kalt geworden, zu feinen Streifchen geschnitten, das Rindfleisch bleibt zurück. Am andern Tage schneidet man Fett und Bodensatz von der Gelee, setzt sie mit dem geschnittenen Fleisch und einer in Scheiben geschnittenen Zitrone ohne Kerne aufs Feuer, läßt es ¼ Stunde kochen und füllt es in Geschirre oder Formen, die man vorher mit kaltem Wasser umgespült hat. Kalt geworden, schüttet man etwas Essig auf die Sülzen und bewahrt sie offen stehend an einem luftigen Ort. Beim Gebrauch streicht man mit einem Messer das darauf befindliche Fett ab, stürzt die Sülze auf eine Schüssel und gibt sie zu Butterbrot und zu Salat. Sie erhält sich mehrere Wochen frisch und ist eine ansehnliche, erfrischende und wohlschmeckende Beilage.

Blutwurst mit Zunge

2½ kg Kehlstück vom Schwein, 2½ l angewärmtes Blut, ¾ kg abgebrühte Schwarten, 150 g Salz, 8 g Nelkenpulver, 4 g Pfeffer (½ Teel.), 4 g Nelken (½ Teel.), etwas Thymian, Brühe zum Abkochen

Das weichgekochte Fleisch in kleine Würfel schneiden und nun das Salz, viel Nelkenpfeffer, Thymian, wenig Nelkenpulver und etwas Pfeffer dazu geben. Nachdem man alles in einer Wanne gut gemischt hat, gießt man durch ein feines Sieb soviel Blut, daß das Fleisch gut angefeuchtet ist. Diese Masse wird nun in dicke krause Fettdärme gefüllt. Zuletzt gibt man die weichgekochte Zunge mit hinein. Die Därme nur ¾ füllen und recht fest zubinden. Wollen Sie es nach altem Brauch machen, dann suchen Sie sich Dörner in einer Weißdornhecke. Der Darm wird 2 x umgeschlagen und der Dorn wie eine Nähnadel durchgezogen. Unterhalb des Dornes wird die Wurst zusätzlich noch einmal mit Band zugebunden. Man kocht die Würste, an Querstöcken hängend, im Kessel schwimmend etwa eine halbe Stunde ganz schwach. Sollte die Brühe anfangen zu kochen, gießt man etwas kaltes Wasser dazu. Sobald die Würste gar sind, werden sie in kaltes Wasser gelegt, danach schlägt man sie in nasse Tücher ein und hängt sie am nächsten Tag zum Trocknen auf.
Man kann die Blutwurst auch ohne Zunge zubereiten.

Leberwurst

5 kg Schweinefleisch, 1 kg Schwarten, 2 kg Leber, etwas Brühe, 1 Teel. gerieb. Lorbeerblätter, 150 g Salz, 2 Zwiebeln, 10 g Pfeffer, 1 Teel. Majoran, 1 Messersp. Nelkenpulver, 1 Messersp. Muskatblüte, etwas Pökelsalz
Statt der Gewürze heute eine Gewürzmischung: 1 Tütchen Leberwurstgewürz. Brühe zum Abkochen.

Das Fleisch, die Leber und Schwarten in kleine Stücke schneiden und 2 x durch den Fleischwolf drehen. Diese Masse wird mit etwas Brühe zu einem geschmeidigen Brei gerührt und mit Leberwurstgewürz, Salz, Pfeffer, etwas geriebenem Lorbeerblatt und den feinge-

hackten Zwiebeln pikant gewürzt. Diesen Wurstbrei füllt man in Därme, die nur ¾ voll sein dürfen und bindet sie, wie bei „Blutwurst" beschrieben, zu.
Die Würste müssen etwa 1 Std. in der Brühe bei 80° C ziehen. Während des Kochens sticht man beim Auftauchen der Würste ab und zu hinein, damit die darin befindliche Luft entweichen kann. Wichtig ist, daß die Leberwürste nicht kochen, da sie dann platzen.
Nach 1 Std. an einen luftigen Ort hängen. Wichtig ist: Stets trocken und kühl aufbewahren.

Leberbrot

10 Kellen gute Leberwurstmasse (s. Leberwurst), 300 g Speckwürfel, 2 - 3 Handvoll Mehl, Fleischbrühe, Leberwurstgewürz

Die Leberwurstmasse mit Speckwürfeln mischen, mit Fleischbrühe verdünnen und mit Mehl zu einem nicht zu dicken Brei verarbeiten. Man schmeckt pikant mit Leberwurstgewürz ab, füllt die Masse in Papierdärme und bindet sie zu. Die Därme sollten nur ¾ voll sein. Man kocht die Würste wie Leberwurst etwa 45 Minuten lang.
Sie werden an der Luft getrocknet, nach einigen Tagen in Scheiben geschnitten und in der Pfanne gebraten. Man ißt Leberbrot zusammen mit Wurstebrot heiß und trinkt Malzkaffee dazu. S. auch Wurstebrot.

Wurstebrot

Zur Winterszeit ißt man Leberbrot und Wurstebrot gern zum zweiten Frühstück oder zum Abendbrot. Beide Wurstsorten werden, in Scheiben geschnitten, zu gleichen Teilen in der Pfanne mit Schmalz gebraten. Gleichzeitig backt man Apfelscheiben mit. Man serviert so: Die Scheibe Wurstebrot auf die Scheibe Leberbrot legen. Darauf - als Krönung - die Apfelscheibe.

Zubereitung: 10 l frisches Blut, 2½ kg Schrot, 500g Speckwürfel, Pfeffer, Nagelpfeffer, Salz, Kumin, Piment

Das frische, warme Blut wird mit dem Schrot und den Speckwürfeln vermengt und mit den Gewürzen pikant abgeschmeckt. Papierdärme werden ¾ gefüllt, zugebunden und gekocht wie Leberbrot.
Sollte nicht soviel Blut vorhanden sein, so füllt man mit Brühe auf.

fig. 5

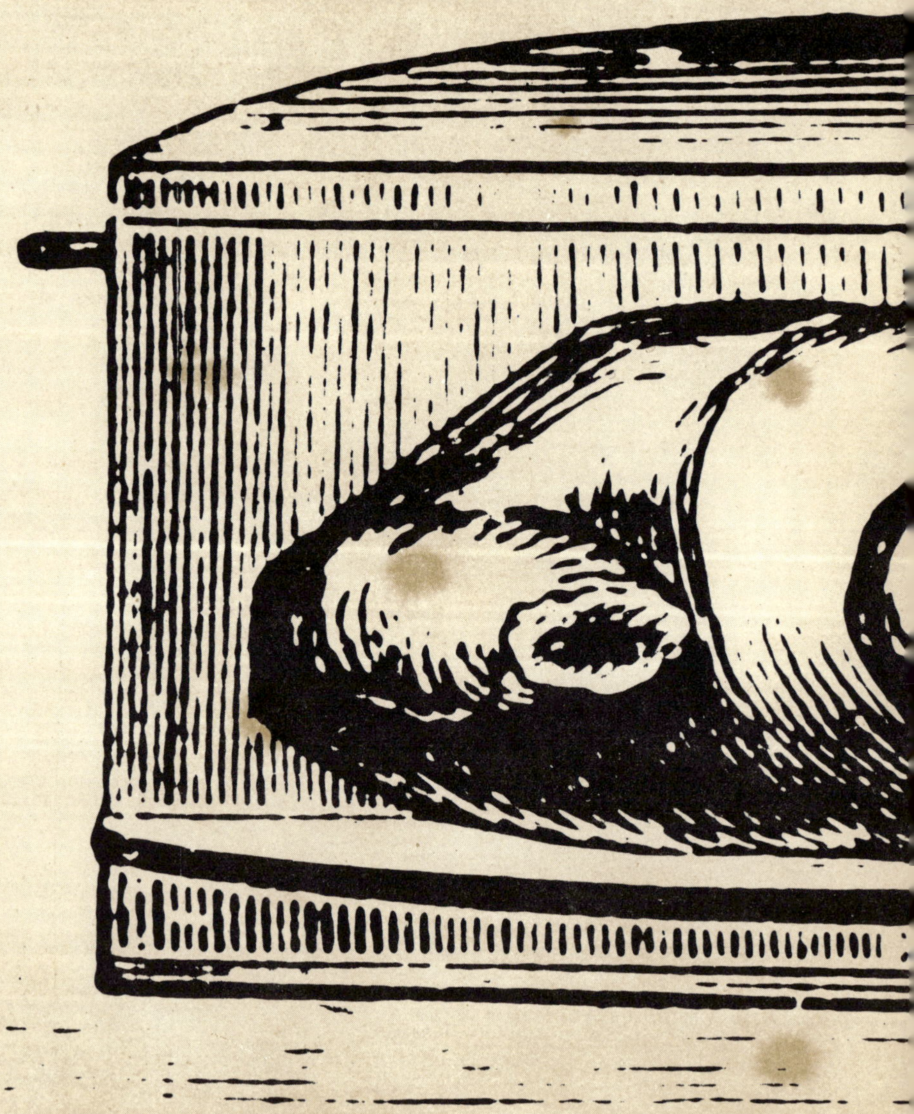

Wild und Geflügel

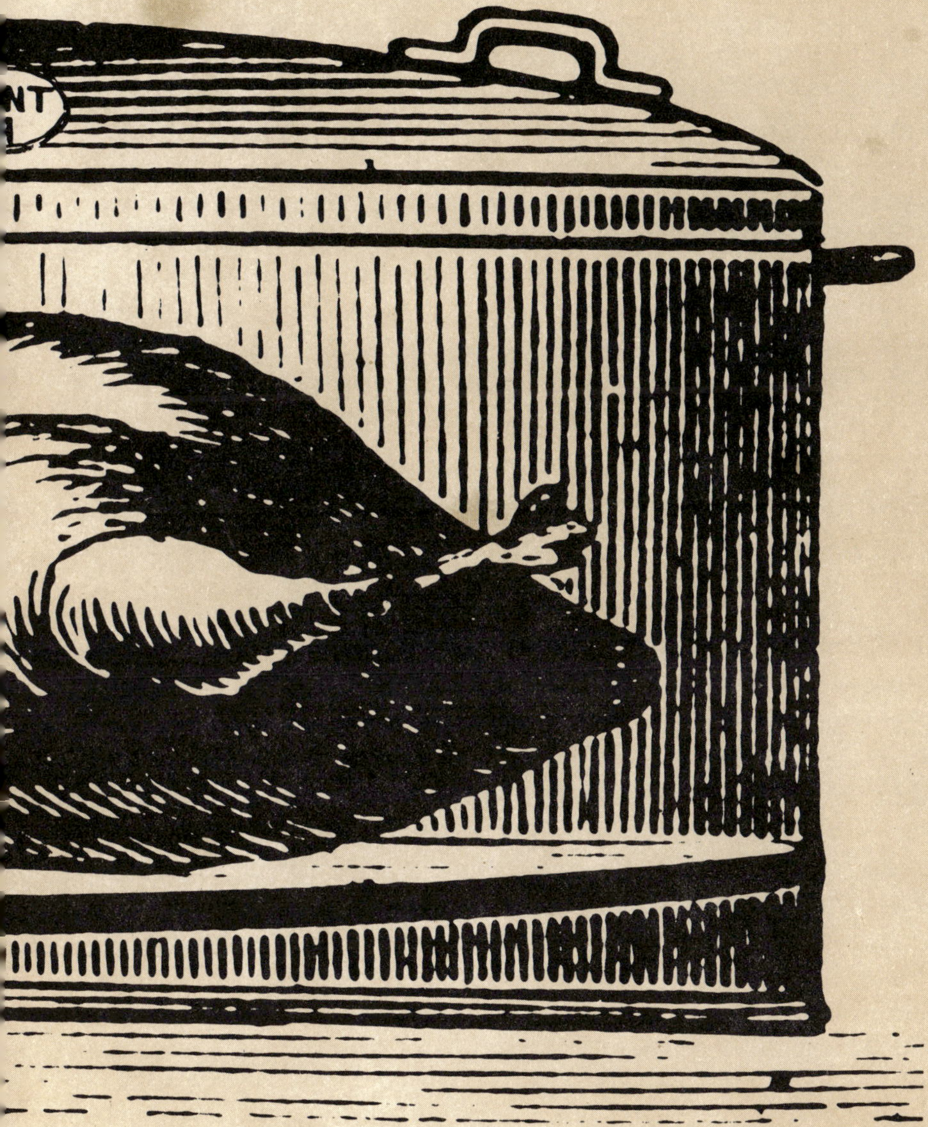

Wild

Wildente „Jägerart"

2 küchenfertige Wildenten, Salz, Pfeffer, Majoran, 2 frische Sellerieblätter, 4 Speckscheiben, 100 g Butter oder Margarine, ⅛ l Weißwein, 2 Eßl. saure Sahne, 250 g Pfifferlinge, 50 g durchwachsener Speck, gewürfelt, 2 Zwiebeln

Die Enten salzen und mit Pfeffer und Majoran bestreuen. Die Sellerieblätter werden in die Enten gegeben. Mit Speck umwickeln und anbraten. Etwas Wasser angießen und die Enten weich schmoren. Nach etwa 30 Minuten sind sie gar. Die Soße wird nicht mit Mehl oder Speisestärke gebunden, sondern mit Sahne und etwas Weißwein verfeinert. Getrennt von den Enten werden die Pfifferlinge in Speck und Zwiebeln angebraten und dann in die fertige Soße gegeben. Die Enten werden auf diesem Pilzbett angerichtet.
Man reicht dazu Scheibenkartoffeln, frisch gekochtes Apfelmus und Preiselbeerkompott.

Fasan, gebraten

1 küchenfertiger Fasan, Salz, Pfeffer, 50 g Speck in Scheiben, 50 g Butter, 1 Zwiebel, ¼ l Wasser, 1 Eßl. Mehl, etwas saure Sahne

Der Fasan wird gewaschen, abgetrocknet, innen und außen gesalzen und gepfeffert. Mit Speckscheiben umwickeln und in heißer Butter anbraten. Die kleingeschnittene Zwiebel zum Schluß kurz mit anbraten, dann den Bratenfond mit etwas Wasser ablöschen. Den Fasan gar schmoren. Ab und zu Wasser nachfüllen. Wenn der Fasan etwa nach 45 Minuten weich ist, nimmt man ihn aus dem Topf, hebt die Speckscheiben ab und zerteilt ihn. Den Fasan auf eine Platte legen und im Backofen warmhalten. In dieser Zeit das restliche Wasser zur Soße geben, mit angerührtem Mehl binden

und mit Sahne pikant abschmecken. Wer die Soße gern süßlich mag, gibt vor dem Andicken entweder 1 Eßlöffel Pflaumenmus oder 1 Teelöffel Johannisbeergelee zu.
Gereicht wird dazu Kartoffelbrei und Sauerkraut oder Röstkartöffelchen und Apfelmus.

Hase, gebraten

1 Hase, 300 g geräucherter Speck, $^1/_8$ l saure Sahne, Salz und Pfeffer.
Unsere Variante: Hierzu am Schluß 2 Eßl. Pflaumenmus mitschmoren

In einem großen Bratentopf den klein geschnittenen Speck bräunen. Hier hinein gibt man den vorbereiteten und gesalzenen Hasen. Man übergießt den Hasen mit etwas heißer Butter. Der Hase muß ungefähr ¾ Stunde lang braten und zwischendurch oft begossen werden, damit das Fleisch nicht austrocknet. Während des Bratens gibt man hin und wieder ein wenig Wasser dazu. Der Bratenfond wird mit saurer Sahne gebunden.
Kaninchen werden auf die gleiche Weise zubereitet, nur ist die Garzeit erheblich kürzer. Man rechnet ungefähr 25 Minuten.

Hasenpfeffer

750 g Hasenfleisch (Vorderbeine, Bauchlappen, Rippchen, Hals, Kopf, Herz, Lunge, Leber), 50 g Butter, 40 g durchwachsener Speck in Scheiben, 2 Zwiebeln, gewürfelt, ½ l Wasser oder Fleischbrühe, Salz, 3 – 4 Nelken, 8 Pfefferkörner, 1 Lorbeerblatt, 1 Eßl. Zucker, 1 Eßl. Mehl, etwas Essig

Das Hasenfleisch abtrocknen. Speck und Zwiebeln kurz in Butter anbraten, das Fleisch dazugeben und schön braun anbraten. Mit Wasser oder Brühe ablöschen, ½ Teel. Salz zugeben und aufkochen lassen. Dann die Gewürze zugeben und alles so lange schmoren, bis das Fleisch weich ist. Die Soße mit Mehl binden. Mit Essig und

Zucker süß-säuerlich abschmecken. Der Hasenpfeffer soll dunkel glänzend aussehen. Dazu reicht man Nudeln oder Salzkartoffeln und Rotkohl.
Unsere Variante: Geben Sie 2 Eßl. Pflaumenmus in das fertige Gericht.

Am 28.10. für H.'s gekocht

Reh

1 Keule oder Rücken, einige Speckscheiben, 60 g Butter, Salz, Pfeffer, ¼ l Sahne

Im Gegensatz zur internationalen Küche wird in den meisten Haushaltungen im Münsterland der Rehrücken nicht gespickt. Er wird sofort in Butter angebraten, danach gesalzen und leicht gepfeffert. Den Bratenfond löscht man mit etwas Wasser ab. Während der Schmorzeit legt man die Speckscheiben auf den Rücken, damit er nicht austrocknet. Hin und wieder wird der Braten begossen. Vorsicht, damit der Speck nicht abrutscht! Wenn das Wasser einkocht, wird ein wenig zugegossen. Nach 30 Minuten Bratzeit gießt man statt Wasser die Sahne zu und verfeinert damit den Bratenfond. Die Sahne schmort noch 15 Minuten mit und gibt dem Fleisch einen zarten Geschmack. Die Bratzeit der Keulen ist etwas länger. Man reicht dazu: Apfelkompott mit Preiselbeeren und Salzkartoffeln oder Bratkartoffeln und Rotkohl.

Jagdessen nach Münsterländer Art

Dieser Wildeintopf wird besonders gern abends nach der Jagd als festlicher Abschluß gereicht. Er wird aus Herz, Zunge, Leber und zartem Rehfleisch zubereitet. Da der Jäger die Zunge und die Innereien eines Rehs als sogenanntes kleines Jagdrecht selbst behält, ist es für Nicht-Jäger schwierig, diesen Fleischtopf herzustellen. Ersatzweise nehmen Sie Herz, Zunge und Leber vom Kalb.

Zutaten: 4 kleine Rehsteaks, 1 gek. Rehzunge, 4 Scheiben Leber, 50 g durchw. Speck, 50 g Butter, 2 Zwiebeln, gewürfelt, 1 Dose Pfifferlinge, 2 Wachol-

derbeeren, Salz, Pfeffer, 100 g Zwiebackbrösel, 1 Glas (2 cl) Kirschlikör, ¼ l Rotwein, 2 Eßl. Preiselbeerkompott, viel geh. Petersilie

Die Steaks und die Leber werden in Butter und Speck angebraten. Dazu gibt man nach kurzer Bratzeit die Zwiebeln, Pfifferlinge und Wacholderbeeren und läßt alles nochmals kurz durchbraten. Das Fleisch wird jetzt gesalzen und mit dem Rotwein angegossen. Die in Scheiben geschnittene Zunge wird in den Fleischtopf gegeben und mit erhitzt. Das Gericht sollte 5 Minuten leise köcheln und dann mit den Zwiebackbröseln abgebunden werden. Verfeinert wird der Topf mit Kirschlikör und Preiselbeeren.
Wollen Sie dieses Gericht stilecht anbieten, dann füllen Sie den Fleischtopf in eine Kupferpfanne um und bestreuen ihn dick mit Petersilie.
Dazu reicht man Bratkartoffeln. Ein kräftiger Rotwein macht dieses Jagdessen zu einem Festschmaus in Herbst und Winter.

Und hinterher
Bratäpfel mit
Vanillesoße!

Hühnerfrikassée im Reisrand

Mag Jürgen nicht!

1 gek. Huhn, 500 g Spargel in Stücken, 3/8 l Brühe, 60 g Mehl, 60 g Butter, 1/8 l Sahne, Salz, Zitronensaft – 250 g Reis, 2 l Wasser, 1½ Teel. Salz

Das gekochte Hühnerfleisch in große Würfel schneiden. Den Spargel schälen, in Stücke schneiden und in Salzwasser mit einem Stich Butter weich kochen. Inzwischen die Butter zerlassen, das Mehl hineinrühren und leicht anschwitzen. Nach und nach mit der Brühe ablöschen, bis eine sämige Soße entsteht. Fleisch und Spargel in die Soße geben und mit Zitronensaft und Salz pikant abschmecken. Den Reis in einem Reisring ausquellen lassen und auf einen großen runden Teller stürzen. Den Ring mit dem Ragout füllen und mit Petersilie garnieren.

Gefülltes Huhn I

Das vorbereitete Huhn wird auf dem Rücken der Länge nach eingeschnitten, das Fleisch zu beiden Seiten vorsichtig bis zum Flügelgelenk von den Knochen gelöst, das Flügelgelenk durchgeschnitten und das Fleisch weiter bis zum Brustknochen losgetrennt. Dann bricht man die Keulen aus den Gelenken und löst das ganze Knochengerüst vorsichtig aus, ohne die Haut zu zerreißen. Danach wird das Huhn gewaschen, getrocknet, mit Fleischfarce gefüllt und zugenäht. Es darf seine ursprüngliche Form nicht verlieren.

Für die Farce: 125 g Kalbfleisch, 125 g Schweinefleisch, 1 Brötchen, 50 g Butter, 2 Eier, Salz, Pfeffer

Butter sahnig rühren, mit eingeweichtem, ausgedrücktem Brötchen, Eigelb, Salz, Pfeffer, durchgedrehtem Fleisch und dem Eischnee vermischen. Das Huhn damit füllen, zunähen und in heißem Fett von allen Seiten goldbraun anbraten. Etwas Wasser zugeben und zugedeckt ½ – ¾ Std. weich schmoren.

Gefülltes Huhn II

1 Suppenhuhn mit Innereien, 1 Tasse gek. Reis, 2 Eßl. Korinthen, 1 Teel. geh. Petersilie, 1 Messersp. Thymian, 50 g zerlassene Butter, 1 kl. Zwiebel, 1 kl. Möhre, 1 Petersilienwurzel, 1 kl. Stck. Sellerie, 5 Pfefferkörner, 40 g Mehl, 2 Eigelb, ⅛ l Sahne, 100 g Meerrettich

Das Huhn mit einer Mischung aus Reis, gewaschenen Korinthen, Petersilie, Thymian, feingehacktem Hühnermagen, Herz und Leber und etwas zerlassener Butter füllen, zunähen, in Salzwasser legen, mit Gemüse und Pfefferkörnern etwa 2 Stunden garkochen. Für die Soße ½ l Brühe mit dem Mehl eindicken, mit 1 - 2 Eigelb, Sahne und Meerrettich zu einer schmackhaften Soße verrühren (nicht mehr kochen!) und über das abgetropfte Huhn geben.
Dazu reicht man eine große Schüssel Butterreis.

fig. 6

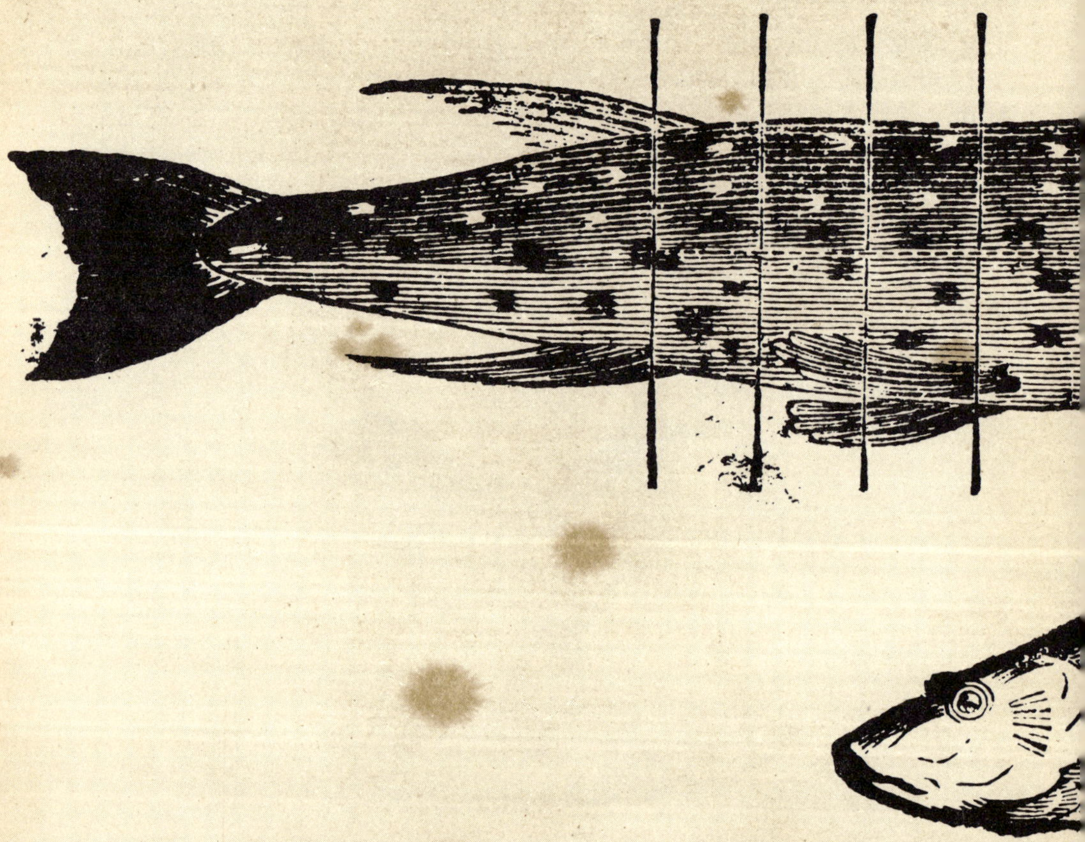

Fisch

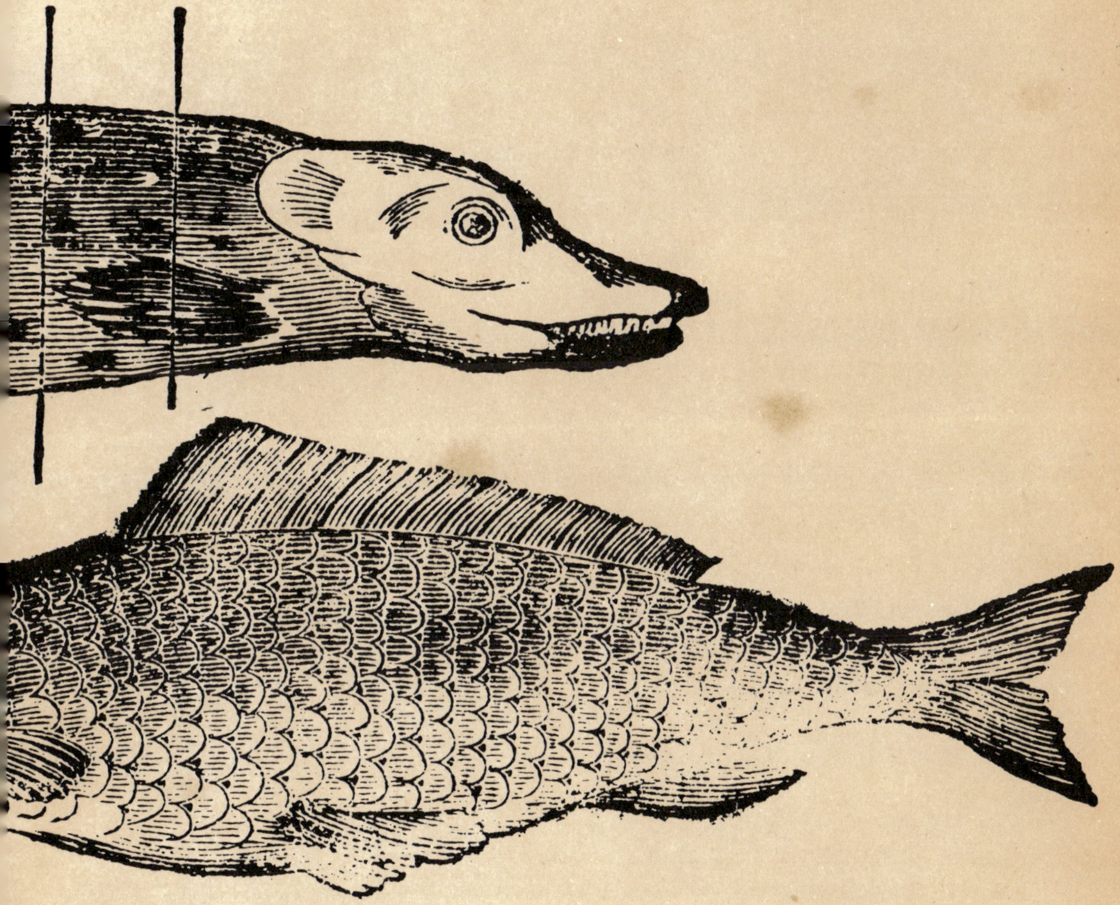

Das Münsterland ist reich an kleinen Bächen und Flüssen, in denen sich Forellen und Karpfen befinden. Ansonsten wird hier wenig Fisch gegessen. Eines der bekanntesten Täler, in denen Forellen in Gaststätten angeboten werden, ist das Stevertal. Es ist ein beliebtes Ausflugsziel für viele Besucher aus der weiten Umgebung.

Forelle, blau gekocht

Pro Person: 1 Bachforelle
Auf 1 l Wasser: 4 Eßl. Weißwein, 5 Eßl. Essig, 3 gehäufte Teel. Salz

Wasser, Wein, Essig und Salz zum Kochen bringen. Die Forellen mit dem Kopf zuerst ins Kochwasser geben. (Vorsicht, daß die Schleimhaut nicht verletzt wird, da sich sonst die Forelle nicht blau färbt!) Sie müssen ganz mit Wasser bedeckt sein. Wieder zum Kochen bringen, den Topf von der Herdstelle nehmen und die Forellen 20 Min. ziehen lassen. Garprobe: Die Rückenflossen lassen sich leicht herausziehen. Mit Petersilie und Zitronenschnitzen garnieren. Dazu gibt es Salzkartoffeln, zerlassene Butter und grünen Salat in Sahnesoße. Rezept dazu s. S. 80.

Forelle „Müllerin"

Pro Person: 1 Bachforelle, Salz, 1 Eßl. Zitronensaft, Mehl, 50 g Butter

Die Forellen von innen salzen, von außen durch Zitronensaft ziehen, in Mehl wenden und in Butter goldbraun braten.
Dazu: Kartoffelsalat (s. S. 80) oder Salzkartoffeln, Butter und grüner Salat.

Karpfen

Die Karpfen werden genau so zubereitet wie die Forellen. Die Garzeit beträgt aber 35 - 45 Minuten. Karpfen blau ist ein traditionelles Essen am Heiligabend und zu Sylvester. Dazu bietet man eine reichhaltige Gemüseplatte und Petersilienkartoffeln an.

Notizen & weitere Rezepte:

Dat man dat Drinken
nich to leeren bruuk,
dat is doch mähr as wichtig;
ick foll de Hände över'n Buck
un rouse satt andächtig.

fig · 7

Eintöpfe

Frühlingssuppe „Quer durch den Garten"

Bei uns im Münsterland kocht man die Frühlingssuppe am liebsten, wenn man alle Gemüsesorten frisch aus dem Garten holen kann. Heute friert man diese Gemüse ein, um die „Frühlingszeit" zu verlängern, oder man kauft das Suppengemüse beim Händler aus der Tiefkühltruhe.

Zubereitung: 2 l Wasser, 250 g Erbsen, 4 Möhren, 1 kl. Blumenkohl, 2 Kohlrabi, 250 g Suppenspargel, 125 g Brechbohnen, ½ kl. Sellerieknolle, 2 Stangen Porrée, 250 g Kartoffeln, 500 g hohe Rippe z. Kochen, 1 Markknochen, 1 Teel. Salz, Suppenwürze.

Das Fleisch und den Knochen in das kochende Salzwasser legen und ¾ Std. weichkochen. Das Gemüse putzen und kleinschneiden. Es wird in der Brühe 15 Min. weichgekocht. Das Fleisch kleinschneiden und in die Suppe zurückgeben. Mit Salz und Suppenwürze abschmecken und mit gehackter Petersilie bestreut servieren.

Westfälisches Blindhuhn

200 g weiße Bohnen, 250 g durchwachsener geräucherter Speck, 250 g grüne Stangenbohnen, 250 g Möhren, 750 g Kartoffeln, 2 Zwiebeln, 250 g Äpfel (am besten Boscop), Salz, Pfeffer

Die weißen Bohnen werden über Nacht in 2 l Wasser eingeweicht und am Morgen mit dem Einweichwasser zum Kochen gebracht. Nach ½ Std. Kochzeit gibt man den Speck hinzu und läßt beides 1 Std. weiterkochen. Den Speck herausnehmen. Die Bohnen abfädeln und brechen, die Möhren putzen und in Scheiben schneiden, die Kartoffeln schälen und würfeln, die Äpfel schälen und vierteln und die Zwiebeln putzen und in Scheiben schneiden. Das Gemüse in den Topf geben und etwa eine ½ Std. schwach kochen lassen. Mit Salz und Pfeffer abschmecken, etwas Suppenwürze zugeben. Den Speck in Scheiben schneiden und in der heißen Suppe servieren.

Gebundene Gemüsesuppe

40 g Fett, ½ Sellerieknolle, 1 Stange Porrée, 3 Möhren, 3 Zwiebeln, Petersilie, viel Selleriegrün, 40 g Butter, 40 g Mehl, 1 l Brühe, Salz, Pfeffer, Suppenwürze, Schnittlauch

Das Gemüse putzen, kleinschneiden, in Fett anbraten und mit Brühe aufgefüllt sehr weich kochen lassen. Die Suppe durchpassieren. Butter und Mehl anschwitzen und mit der Brühe ablöschen. Mit Salz, Pfeffer und Suppenwürze abschmecken und mit Schnittlauch bestreut zu Tisch bringen. Um die Suppe zu vervollständigen, gibt man geröstete Brotwürfel hinein. Sie wird zur typischen Freitagssuppe, wenn man dazu Speckpfannkuchen serviert. Rezept s. S. 71.

Weiße Bohnen-Suppe

250 g weiße Bohnen, 2 l Wasser, 2 Bd. Suppengrün, Salz, Pfeffer, 500 g Eisbein, 2 Räucherendchen, 500 g Kartoffeln, 2 Zwiebeln, etwas Bohnenkraut

Die Bohnen über Nacht in reichlich Wasser einweichen und am anderen Morgen mit diesem Einweichwasser zum Kochen bringen. Suppengrün, Eisbein und Mettenden werden nach 1 Std. Kochzeit zugefügt. Alles noch 1 Std. kochen lassen. Während der letzten halben Std. die kleingeschnittenen rohen Kartoffeln mitkochen. Das Fleisch wird kleingeschnitten wieder in die Suppe gegeben. Die glasig gedünsteten Zwiebelringe zum Schluß in die Suppe geben, mit Salz und Pfeffer abschmecken und mit Petersilie bestreuen.
In manchen Familien läßt man die Petersilie weg und säuert statt dessen die Suppe mit einigen Tropfen Essig an.
Urtypisch, wenn auch nicht für jede Zunge delikat: Eingelegter Hering oder Speckpfannkuchen als Beilage.

Erbsensuppe

Diese Suppe wird zubereitet wie Bohnensuppe. Die gelben oder grünen Erbsen werden auch über Nacht eingeweicht.
Ausnahme: gelbe geschälte Erbsen. Sie werden sofort gekocht und müssen zerkochen.

Freitagsessen im Münsterland

Erbsensuppe (ohne Fleisch gekocht) und dazu eingelegter Hering oder Reibeplätzchen.(Rezept zu Reibeplätzchen s. S. 70)

Linsensuppe

500 g Linsen, 2 l Wasser, 2 Bd. Suppengrün, Salz, 500 g Backpflaumen, 125 g roher Schinken, 125 g Speckwürfel, 4 Zwiebeln, 4 Räucherendchen, Weinessig, 1 Bund Petersilie

Die Linsen waschen und in kaltem Wasser mit dem feingeschnittenen Suppengrün, den Zwiebeln und dem Salz zum Kochen bringen. Die Kochzeit beträgt ungefähr 2 Stunden. In der letzten halben Stunde gibt man die Backpflaumen und die in Würfel geschnittenen Schinkenscheiben dazu. Die Speckwürfel in der Pfanne ausbraten und ebenfalls mit hineingeben. Zuletzt kocht man noch 10 Minuten lang die Räucherendchen mit. Die Suppe wird in einer vorgewärmten Terrine serviert, mit gehackter Petersilie bestreut, oder man gibt je nach Geschmack einen Teelöffel Weinessig in jeden Teller. Eine Linsensuppe sollte säuerlich schmecken.

Restesuppe

Den Rest einer Erbsen- oder Bohnensuppe auf 1 l verlängern, 40 g Mehl, 40 g Butter, 2 Zwiebeln

Die feingehackte Zwiebel in Butter glasig dünsten, mit Mehl anschwitzen und mit der durchpassierten Suppe ablöschen. Mit Salz und Pfeffer abschmecken und als Vorsuppe mit gerösteten Brotwürfeln servieren.

Im Münsterland bevorzugte man Eintopf, auch „Durchgemüse" genannt. Aus diesem Grunde gehen wir nicht auf einzeln zubereitete Gemüse ein, da sie uns nicht typisch für diese Gegend erscheinen. Früher wurde das „Durchgemüse" hinten auf den Kohleherd gestellt und kochte sozusagen nebenbei, während die Hausfrau einer anderen Beschäftigung nachgehen konnte. Heute ißt man vitaminbewußter und kürzt die Garzeit auf ein Minimum ab.

Stielmuseintopf

Dieses Gericht ist bei den Münsterländern und über die Grenzen des Landes hinaus beliebt. Es wird vornehmlich im Frühling gegessen, da man zu diesem Essen die zarten Stiele der Mairüben verarbeitet.

1 kg Mairübenstiele (Stielmus), 30 g Butter, 30 g Mehl, ¼ l Milch, 750 g gekochte, gewürfelte Kartoffeln, Salz, Muskat, Pfeffer

Die Blätter abstreifen und die Stiele in 3 cm lange Stücke schneiden. Diese Stiele in Salzwasser kurz aufkochen, 5 Min. garen und abgießen. Aus Butter und Mehl eine helle Schwitze bereiten, mit Milch ablöschen und kurz durchkochen lassen. Die Soße wird gesalzen, mit Pfeffer und Muskat gewürzt und mit dem Stielmus und den Kartoffeln vermischt. Durchziehen lassen. Dazu reicht man Bratwurst oder Speckpfannkuchen.

Gemüseeintopf (Wirsing oder Weißkohl)

500 g Rindfleisch, 1 kg Kartoffeln, 1 kg Gemüse, 40 g Schmalz, 1 Zwiebel, ¼ l Wasser, Salz, Pfeffer

Das Fleisch wird in Stücke geschnitten, in Schmalz mit den Zwiebeln angebraten und mit Wasser weichgekocht. Nach 30 Minuten Garzeit das Gemüse in feine Streifen, die Kartoffeln in Würfel schneiden und beides zu dem Fleisch geben. Noch 30 Minuten garen, mit Salz und Pfeffer abschmecken und gut durchrühren. Für Magenempfindliche empfiehlt es sich, den Kohl vorher kurz abzukochen, da er leicht bläht.

Münsterländer Jägerkohl

200 g durchwachsener Speck, 4 Zwiebeln, 1 Eßl. Essig, 2 Äpfel, Salz, 750 g Weißkohl (geschnitten und abgekocht), 1 Eßl. Mehl, 1/8 l Bouillon, Pfeffer, 1 Teel. Suppenwürze

In einem flachen Topf läßt man den Speck aus und brät darin die Zwiebelwürfel. Dazu gibt man dann den Essig, die Apfelscheiben und das Salz. Alles gut umrühren! Dann gibt man den Weißkohl dazu und dünstet unter Umrühren weitere 20 Minuten. Zum Schluß Mehl darüber stäuben und mit Bouillon angießen, bis eine helle Soße entstanden ist. Diese mit Salz, Pfeffer und Suppenwürze abschmekken.
Man reicht dazu Salzkartoffeln und Speckpfannkuchen, s. S. 71.

Möhreneintopf „Polizeifinger"

750 g Möhren, 750 g Kartoffeln, 40 g Butter, 20 g Mehl, 1/8 - 1/4 l Brühe, Essig, Zucker, Salz

Die Möhren werden geputzt und in fingerlange Stifte geschnitten. Die Butter erhitzen und die Möhren kurz darin anbraten. Mit der Brühe angießen und in etwa 15 Minuten halbgar dünsten. Danach die geschälten und in Stifte geschnittenen Kartoffeln darauf legen und nochmals 10 Minuten dünsten. Der Eintopf wird mit dem angerührten Mehl gebunden und mit Essig, Zucker und Salz süß-sauer abgeschmeckt.
Dazu empfehlen wir Bratwurst, gebratene Rippchen oder Frikadellen.

Möhreneintopf „Wuorttelpott"

250 g durchwachsener Speck oder 375 g Hohe Rippe, 3/8 l Wasser, Salz, Pfeffer, 750 g Möhren, 750 g Kartoffeln, 2 Zwiebeln

Das Fleisch in kochendem Wasser aufsetzen und ½ Stunde kochen lassen. Dann fügt man die gewürfelten Möhren, Zwiebeln und Kartoffeln hinzu, salzt und pfeffert und läßt das Gericht etwa ½ Stunde langsam weiterkochen. Das Fleisch wird entweder kleingeschnitten, wieder in das Gemüse gegeben oder gesondert gereicht. Zum Schluß streut man gehackte Petersilie darüber.
Wollen Sie nicht einmal den urtypischen Topf probieren? Reichern Sie das Gericht dann mit 2 Eßl. Schweineschmalz an!

Schnippelbohnen in Specksoße

500 g grüne Stangenbohnen, 500 g Kartoffeln, 40 g geräucherter Speck, 2 Zwiebeln, kleingeschnitten, 20 g Fett zum Braten, 20 g Mehl, ¼ l Wasser, Salz, Pfeffer, Bohnenkraut, Essig, Zucker

Die Bohnen reinigen, putzen und in kleine Stücke schneiden. In vielen Familien werden sie durch eine Schnippelmaschine gedreht, so daß sie in feine Scheibchen geschnitten werden. Die Bohnen in reichlich Salzwasser garkochen und auf einen Durchschlag schütten. Aus Speck, Fett, Zwiebeln, Mehl und Wasser wird eine helle Specksoße zubereitet. Die Bohnen werden hineingegeben und vorsichtig untergemengt. Dieses Gericht wird mit Bohnenkraut, Essig und Zucker süß-sauer abgeschmeckt.
Wer nicht gern grüne Bohnen mag, kann auch weiße Bohnenkerne dazu nehmen.
Dazu: Salzkartoffeln und Mehlpfannkuchen s. S. 70.
Da sich dieses Gericht im Münsterland früher großer Beliebtheit erfreute, wurden diese Schnippelbohnen in großen Steintöpfen mit Salz eingestampft und dann über den Winter aufgehoben. Man nennt sie an manchen Orten auch „Fiezebohnen". Dazu aß man früher gekochten Bauchspeck mit Senf.

Schnippelbohnen (Eintopf)

Eine bequemere Variante und heute sehr beliebt:

¼ l Wasser, 500 g geschnippelte Stangenbohnen (oder 1 Glas), 500 g gewürfelte Kartoffeln, 200 g durchwachsener Speck, 1 Zwiebel, Salz, Pfeffer, Bohnenkraut, Essig, Zucker

Den Speck 20 Minuten lang in dem Wasser vorkochen, dann erst die Schnippelbohnen daraufgeben und darüber die rohen gewürfelten Kartoffeln schichten. Gewürze und Bohnenkraut dazugeben und noch 25 Minuten weiterkochen lassen. Nochmals pikant mit Essig und etwas Zucker abschmecken.
Auch hierzu: Mehlpfannkuchen s. S. 70.

Münsterscher Bohnentopf mit Speck, Kasseler und Bauernmettwurst

„à la Pinkus"

3 kg frische dicke Bohnen, 1 Eßl. Schmalz, 300 g magerer Räucherspeck, 30 g in kleine Würfel geschnittener Speck, 300 g leicht geräuchertes Kasseler, 4 mittelgroße Bauernmettwürste, 2 ½ l leicht gesalzenes Wasser, 1 Teel. Salz, etwas weißer Pfeffer

Die geputzten dicken Bohnen mit 300 g magerem Räucherspeck und ½ Teel. Salz in ½ l Wasser garkochen. 300 g leicht gesalzenes Kasseler und 4 mittelgroße Bauernmettwürste ca. ½ Stunde gesondert kochen. Die dicken Bohnen nach dem Garen auf ein Sieb schütten, das über einer Schüssel liegt. Die Kochflüssigkeit aufbewahren.
Aus 1 Eßl. Schmalz, 30 g gewürfeltem Speck, einer gewürfelten Zwiebel und 2 Eßl. Mehl eine Mehlschwitze bereiten, die mit der Kochflüssigkeit aufgefüllt wird.
Mit einer Messerspitze weißem Pfeffer und ½ Teel. Bohnenkraut abschmecken, die dicken Bohnen dazu geben und einmal aufkochen lassen.
Den mageren Räucherspeck und das Kasseler in 2 cm dicke Scheiben schneiden und leicht von beiden Seiten anbraten. Sodann zu-

sammen mit der Bauernmettwurst und den dicken Bohnen anrichten. Dazu reicht man frische Salzkartoffeln.

Dicke Bohnen mit Speck

Die große Verbreitung des folgenden Gerichtes erkennt man noch heute an dem plattdeutschen Spruch aus alten Zeiten:

Jau, de schönste Tied von'n Summer,
Is de Grautebaunentied –
In de Grautebaunentied,
Buk, wär mi no maol so wied!

Es dürfen auch 100 g Speck sein!

1 kg große Bohnen (auch „Dicke Bohnen", „Pferdebohnen" oder „Saubohnen" genannt), 1 kg Kartoffeln, 2 Zwiebeln, 80 g geräucherter durchwachsener Speck, Salz, Pfeffer, ¼ l Wasser, 20 g Mehl, Bohnenkraut

Die Bohnen werden ausgehülst und in kochendem Salzwasser gar gekocht. Die Zwiebeln und Speckwürfel werden angebraten, mit Mehl angeschwitzt und mit dem Gemüsewasser abgelöscht. Die Bohnen und die gekochten Kartoffelstücke unter die Soße ziehen, mit Salz, Pfeffer und Bohnenkraut pikant abschmecken. Wer dieses Gericht nicht gern „durcheinander gekocht" ißt, kann die Kartoffeln auch getrennt dazu reichen.

Grünkohleintopf, auch „Moos" genannt

1500 g Grünkohl, 60 g Schmalz, 2 Zwiebeln, ¼ l Wasser, Salz, Pfeffer, 4 Mettendchen, geräuchert, 500 g frische Bratwurst oder 500 g Rippchen vom Schwein, dazu: 1000 g Salzkartoffeln, gewürfelt und fertig gekocht

Den Grünkohl gründlich waschen und kurz abkochen. Das Wasser wegschütten und den Kohl fest ausdrücken. Nun den Kohl in Streifen schneiden. Die Zwiebelringe und die Wurst oder Rippchen

in dem Schmalz goldgelb anbraten, den Grünkohl mit anschmoren und mit dem Wasser ablöschen. Salzen und pfeffern! Mettendchen obenauf legen und mitschmoren. Zum Schluß die Kartoffeln unter das Gemüse heben.
Früher aß man das „Moos" am liebsten mit Mettwurst und Speck. Grünkohleintopf schmeckt erst richtig gut, wenn über den Kohl draußen der erste Frost gegangen ist, da dann ein chemischer Umwandlungsprozeß der Bitterstoffe vor sich gegangen ist.
Zu diesem Gericht trinkt man gern einen „Klaren" oder Wacholderschnaps.
Sonntagsessen: Grünkohl ohne Salzkartoffeln, dazu aber Bratkartoffeln und Entenbraten.

Sauerkraut und Eisbein

Eigentlich gehört dieses Gericht zu den typisch deutschen Gerichten. Überall aber wird es anders gekocht. Die münsterländische Art ist eine der beliebtesten. Da das Gericht schwer verträglich ist, sollte man immer einen „Klaren", gut gekühlt, dazu trinken.

1 kg Eisbein, 500 g Sauerkraut, 60 g Schmalz, 2 Zwiebeln, 1 Apfel, 6 Wacholderbeeren, $\frac{1}{8}$ l Wasser, 1 rohe Kartoffel, 500 g Kartoffelwürfel, Salz, Pfeffer

Das Sauerkraut wird nicht gewaschen. Man setzt es in wenig Wasser mit dem Schmalz, Apfel, Eisbein, den Gewürzen und dem Salz auf und läßt es 30 Minuten lang kochen. Wenn das Sauerkraut gar ist, eine rohe geriebene Kartoffel daruntermischen und kurz aufkochen lassen. Das Gemüse mit den Kartoffeln mischen.
Heute kocht man das Sauerkraut auch ohne Kartoffeln. Man reicht es zu Kartoffelbrei.

Gefüllter Kohlkopf

1 Weißkohl, Salzwasser, Fleischfarce: 500 g Gehacktes, 2 Zwiebeln, 2 Eier, 2 Eßl. Paniermehl, Salz, Pfeffer

Den Weißkohl vom Strunk lösen, die Blätter in Salzwasser kurz überbrühen, damit sie sich wickeln lassen. Man legt ein Tuch (Serviette, Mulltuch usw.) in einen Durchschlag. Da hinein gibt man eine Lage Blätter, darüber etwas vom Fleischteig, darüber wieder Kohl usw. Zuletzt bindet man das Tuch fest zu und hängt den Kohl in Fleischbrühe. Man läßt ihn gut ½ Stunde kochen und gibt ihn dann auf eine Platte.

Serviert wird der Kohl mit Salzkartoffeln und mit Petersiliensoße:

40 g Butter, 30 g Mehl, ½ l Brühe s. o., Salz, 4 Eßl. frische Sahne, 1 Bd. geh. Petersilie

Aus Butter, Mehl und Brühe eine helle Grundsoße herstellen. Nach dem Durchkochen die Sahne und viel Petersilie unterrühren.

Notizen & weitere Rezepte:

Notizen & weitere Rezepte:

Friäher hadder geblosd,
ies de Mule verbrannd.

Schwadbraad med Kääse
off Schinken, doado muß
de Soldbeer drinken.

fig. 8

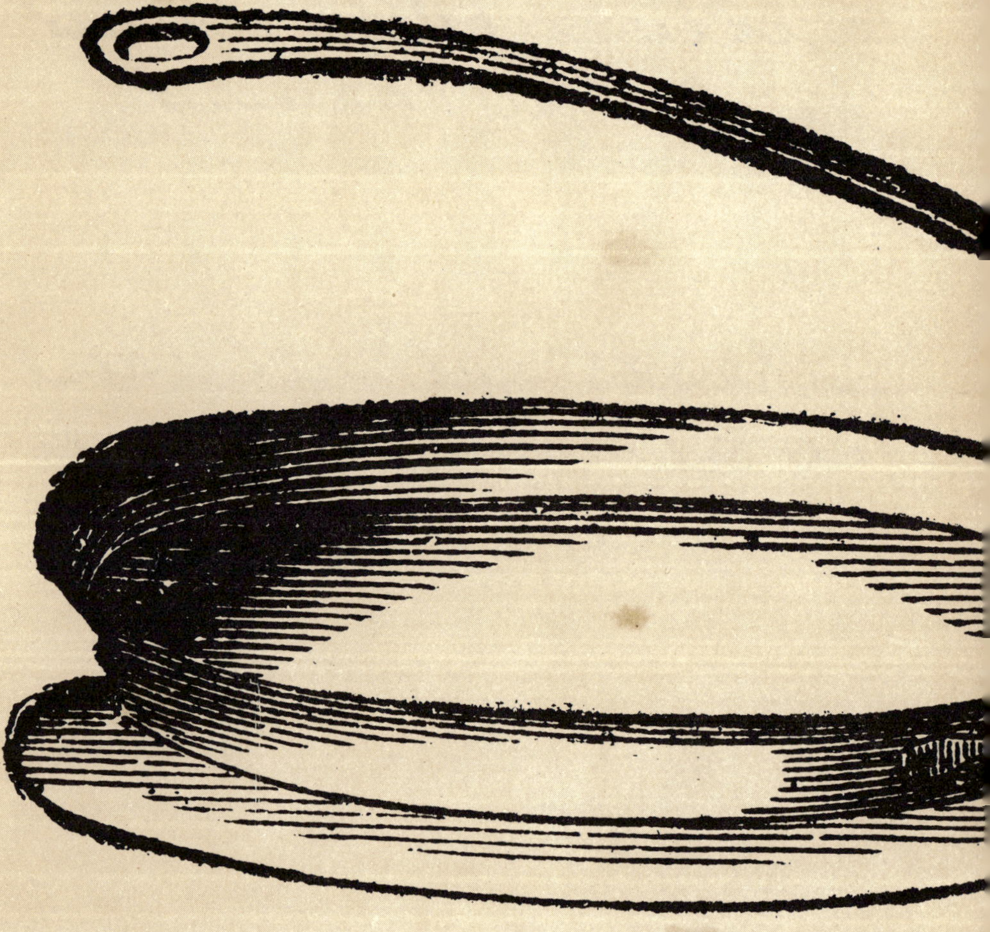

Pfannengerichte

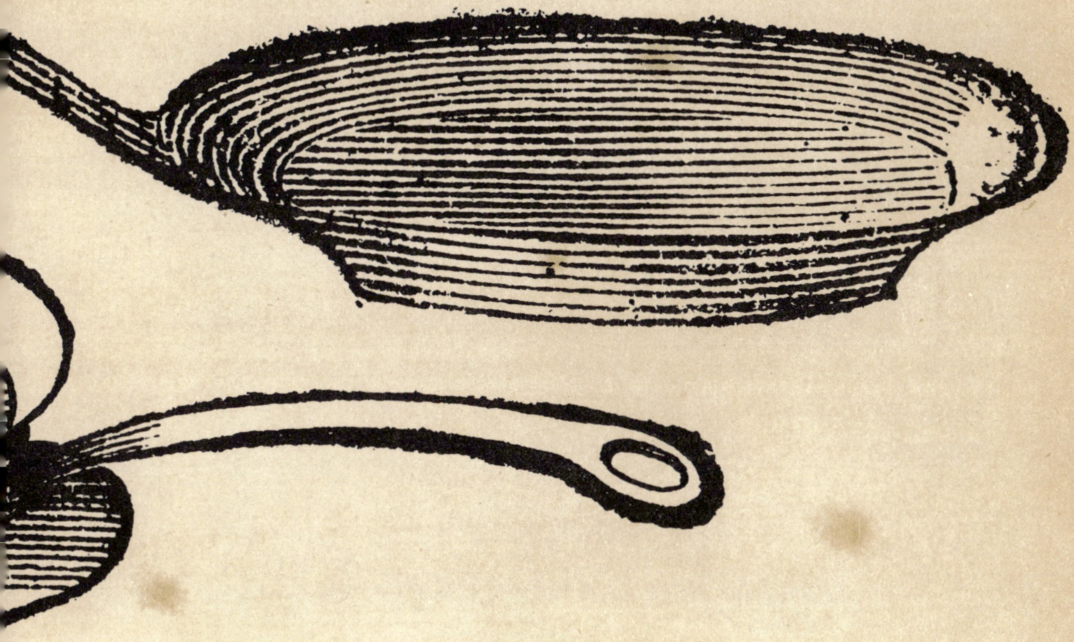

Scheibenkartoffeln

1000 g rohe Kartoffeln, Schmalz oder Bratfett, etwas Wasser, Salz, Pfeffer, 1 Zwiebel, 65 g Speckwürfel

Die Kartoffeln werden geschält und in dünne Scheiben geschnitten. Das Fett wird in der Pfanne erhitzt, und die Kartoffelscheiben werden darin kurz angebraten. Dann füllt man etwas Wasser zu, schließt den Deckel für 10 Minuten und läßt die Kartoffeln weichschmoren. Danach nimmt man den Deckel ab, gibt Speck und Zwiebelwürfel auf die Kartoffeln und brät die Scheiben schön knusprig braun. Zum Schluß salzen und pfeffern.
Beilagen: s. Bratkartoffeln.

Bratkartoffeln

1000 g gek. Kartoffeln, Bratfett oder Schmalz, 65 g Speckwürfel, 1 Zwiebel, Salz und Pfeffer

Die Kartoffeln in Scheiben oder große Würfel schneiden. Bratfett in der Pfanne zerlassen, die Kartoffeln dazugeben und von allen Seiten knusprig braun braten. Die letzten 5 Minuten werden Speck- und Zwiebelwürfel mitgeschmort.
Beilagen:
1. Spiegelei und Salat,
2. Bratwurst und Rotkohl,
3. Sülze mit Senfsoße.

Bratkartoffeln sind noch heute im Münsterland in den Familien Hauptbestandteil der Abendmahlzeit. Sie sind preiswert und als Resteverwertung schnell zuzubereiten.

Röstkartoffeln

1000 g ganz kleine Kartoffeln, Fett z. Braten, 3 Zwiebeln, Salz

Die Kartoffeln werden gewaschen und in der Schale weichgekocht. Danach werden sie gepellt und ½ Stunde kalt gestellt. Das Fett wird in der Pfanne erhitzt. Die Kartoffeln werden rundum schön braun gebraten und gesalzen. Zum Schluß Zwiebelwürfel mitbraten.

Bauernfrühstück

750 g gek. Kartoffeln, 1 Eßl. Schmalz, 100 g Speckwürfel, 100 g geräucherter Schinken in Scheiben, 3 Zwiebeln, 4 Eier, Salz, Petersilie

Das Fett in der Pfanne erhitzen, die Speckwürfel und die in Scheiben geschnittenen Kartoffeln anbraten. Danach werden der in Streifen geschnittene Schinken und die Zwiebelwürfel dazu gegeben und kurz mitgebraten. Die Eier werden mit dem Salz verschlagen und über die Kartoffeln gegossen. Der Deckel wird aufgelegt, damit die Eimasse stocken kann. Diese Bauernpfanne bestreut man mit Petersilie und reicht dazu alle Arten von frischen Salaten: Kopfsalat, Bohnen-, Gurken-, Feldsalat mit Sahnesoße (Soßenrezept s. S. 80).
Dieses Gericht wurde in früheren Zeiten als 2. Frühstück in vielen Bauernfamilien des Münsterlandes gegessen. Es wurde nur im Winter von Leberbrot und Wurstebrot verdrängt. Bei der schweren körperlichen Arbeit, die schon im Morgengrauen einsetzte, benötigten die Bauern eine Zwischenmahlzeit. – Heute wird dieses Bauernfrühstück häufig noch mittags als preiswertes Gericht serviert.

Kartoffeln in Asche gebacken

Wenn im Münsterland die Kartoffeln geerntet sind, wird das Kartoffelgrün auf dem Acker verbrannt. Sobald das Feuer verglimmt, wirft man dicke Kartoffeln in die Asche und backt sie in der Schale gar. Sie werden heiß in der kühlen Abendluft gegessen.
Moderne Abwandlung: Kartoffeln in der Kaminasche oder in Alufolie eingepackt auf dem Gartengrill 20 Minuten lang backen.

Kartoffel- oder Reibeplätzchen

Kartoffel- oder Reibeplätzchen waren früher und sind es auch heute noch ein beliebtes Essen am Freitag. Während sie in den Privathaushaltungen durchweg mittags gegessen werden, ißt man sie auf den Bauernhöfen am Freitagabend. Übriggebliebene Reibeplätzchen werden bei der nächsten Mahlzeit wieder aufgewärmt oder kalt auf Schwarzbrot oder Stuten mit Rübenkraut angeboten.

1 kg Kartoffeln, 1 Teel. Salz, 2 Eier, 2 Eßl. Mehl,
Fett: Mischfett – Speckwürfel und Schmalz, heute: Öl

Die rohen Kartoffeln werden kurz vor dem Backen gerieben, da sie durch längeres Stehen unansehnlich werden. Man gibt das nötige Salz, die Eier und das Mehl hinzu, verrührt die Masse gut, gibt sie löffelweise in das heiße Fett und backt die kleinen, dünnen Kuchen unter einmaligem Wenden knusprig braun. Dazu reicht man Apfelmus oder grünen Salat (Salatrezept s. S. 80).

Kartoffelpuffer (Resteverwertung)

Kartoffelbrei, 1 Ei, Salz, Muskat, Bratfett

Der Kartoffelbrei (Rest vom Mittag) wird noch einmal gesalzen, mit Muskat abgeschmeckt und evtl. mit einem Ei vermengt. Daraus formt man kleine Plätzchen, die man in der Pfanne in heißem Fett goldgelb ausbackt.
Man reicht dazu jede Art frischen Salats.
Unser Tip: Reichen Sie die Plätzchen bei der nächsten Mittagsmahlzeit mit Rotkohl und Bratwurst oder Ihren Gästen zu Wild, Apfelmus und Preiselbeeren.

Mehl- oder Eierpfannkuchen

Auf den Höfen des Münsterlandes wird Mehlpfannkuchen oft mittags und abends anstelle von Fleisch zum Essen gereicht. Dabei stellt man folgende Kombinationen her:
Salzkartoffeln – saure Specksoße – grüner Salat – Pfannkuchen.

Schnippelbohneneintopf – Pfannkuchen.
Abends: frisch zubereitet auf gebuttertem Stuten.
Morgens: als kalter Rest auf gebuttertem Stuten zum 2. Frühstück.

250 g Mehl, ½ l Milch, 2 Eier, ½ Teel. Salz, Schmalz oder heute Öl

Die Eier mit dem Salz verschlagen, abwechselnd Mehl und Milch zugeben und zu einem glatten Teig rühren. Der Teig muß ½ Std. quellen. Fett wird in der Pfanne erhitzt. Man läßt eine Suppenkelle mit Teig in die Pfanne laufen und backt den Teig von beiden Seiten goldgelb aus.

Schmeckt auch mit Speck-würfeln!

Dieser Teig wird im Münsterland gern vervollständigt:
I. Speckpfannkuchen. Dünne Speckscheiben werden kurz angebraten, darüber wird der Teig gegossen. Ebenso kann man mit Mettwurstscheiben verfahren.
II. Obstpfannkuchen. Dazu eignen sich folgende Obstsorten: frische Pflaumen, frische Kirschen, frische Äpfel.
Der Teig muß etwas dicker sein als beim einfachen Pfannkuchen. Man nimmt etwa 300 g Mehl. Der Teig wird von einer Seite in der Pfanne gebraten. Man gibt auf die ungebratene Seite das geputzte und zerkleinerte Obst und wendet dann den Pfannkuchen. Mit Zucker bestreut servieren. Wichtig ist, daß die Pflaumen halbiert und die Äpfel in feine Scheibchen geschnitten sind. Wenn man etwas mehr Teig in die Pfanne gibt, gelingt der Pfannkuchen anfänglich besser.
III. Blaubeerpfannkuchen. Auf jeden gebackenen Pfannkuchen gibt man 2 Eßl. frische Blaubeeren, klappt die andere Hälfte des Pfannkuchens darüber und bestreut ihn mit Zucker.

Saure Specksoße

50 g Speck, 2 Zwiebeln, 30 g Mehl, ½ l Brühe oder Wasser, Salz, Pfeffer, Essig

In kleine Würfel geschnittener Speck wird ausgebraten. Man läßt die feingeschnittenen Zwiebeln darin gelb dünsten, gibt das Mehl hinzu, füllt die Mehlschwitze mit Wasser oder Brühe auf und schmeckt die Tunke mit Salz, Pfeffer und Essig ab.

Buchweizenpfannkuchen

Buchweizenpfannkuchen ist ein anspruchsloses, jedoch nahrhaftes Gericht. Kenner essen ihn mit Zuckersirup und Pumpernickel oder mit grünem Salat, Bauernbrot und Butter. Beim Buchweizenpfannkuchen darf ein gutgekühlter Münsterländer Korn nicht fehlen. Man verträgt das Gericht dann besser.

Zubereitung: 1 kg Buchweizenmehl, ½ Teel. Salz, 5 Eier, 250 g fetter Speck, Schmalz, Kaffee zum Anrühren des Teiges

Aus dem Buchweizenmehl, den Eiern, dem Salz und unter Zugabe von kaltem Kaffee wird ein dickflüssiger Teig bereitet, der mindestens 4 Std. quellen muß. Der Speck wird in dünne Scheiben geschnitten und mit Schmalz in der Pfanne ausgebraten. Darauf gibt man eine Kelle Teig und backt den Pfannkuchen auf beiden Seiten braun aus.

Buchweizen-Pfannekuchen

250 g Buchweizen, ¼ l kalter Bohnenkaffee mit Satz, 1/9 l Wasser oder Milch, 1 Tl. Salz, 2 Eier, 8 Schinkenscheiben, 1 große Zwiebel in Scheiben geschnitten, 4 Eßlöffel Pflanzenfett, Rübenkraut und Pumpernickel

250 g Buchweizenmehl, ¼ l kalter Bohnenkaffee mit Satz, ⅛ l Milch oder Wasser, 2 Eier und ½ Tl Salz in eine Schüssel geben und mit einem Schneebesen zu einem glatten Teig rühren.
In einer schweren Pfanne 1 El Pflanzenfett sehr heiß werden lassen, 2 Schinkenscheiben und einige in Scheiben geschnittenen Zwiebeln leicht anbräunen und mit Pfannkuchenteig übergießen. Bei mittlerer Hitze goldbraun werden lassen und auf einem Teller mit Schwung wenden.
Den Pfannekuchen nun mit der gebräunten Seite nach oben in die Pfanne zurückgleiten lassen.
Sind beide Seiten kross, wird der Pfannekuchen auf einem vorgewärmten Teller mit Pumpernickel und Rübenkraut serviert.

Struwen („Püfferchen")

500 g Mehl, ³⁄₈ l Milch, 40 g Hefe, 2 Eßl. Zucker, 1 – 2 Eier, 1 Teel. Salz, 30 g Butter, 125 g Rosinen oder Korinthen, Schale einer Zitrone, Fett zum Backen

Man rührt die Hefe mit etwas lauwarmer Milch an, gibt das Mehl in eine Schüssel und füllt die angerührte Hefe hinein. Vermengt mit etwas Mehl, muß sie eine Viertelstunde lang aufgehen. Dann gibt man die übrigen Zutaten hinzu, macht den Teig durch tüchtiges Schlagen geschmeidig, läßt ihn etwa eine Stunde lang aufgehen und backt dann in der Pfanne kleine, runde Kuchen daraus. Man bestreut sie mit Zucker und Zimt. Zum Backen verwendet man Öl oder Schmalz.

karfreitaggericht!

fig. 9

Eiergerichte

Soleier

Die Eier 10 Minuten kochen. Die Schale anknicken und in Salzwasser legen. Salzwasser: auf 1 l Wasser 1 Eßl. Salz aufkochen, abkühlen lassen, in ein großes Zubindeglas füllen, Eier 24 Std. darin ziehen lassen. Sie halten sich in der Sole tagelang.
Soleier ißt man hierzulande so: Die Eier pellen und der Länge nach halbieren. Das Eigelb wird herausgeholt und mit Senf gegessen. In die Höhle des Eiweißes gießt man ein Gemisch aus Öl, Essig, Senf, Salz und Pfeffer und ißt diesen Happen gleich nach dem Eigelb.
In vielen Münsterländer Gasthöfen stehen große Soleigläser auf der Theke. Sie laden zu einer Stärkung zu Bier und Schnaps ein.
Unser Vorschlag: Soleier sind auf einem rustikalen kalten Büffet sehr zu empfehlen.

So briet Henriette Davidis: Gebackene oder Spiegel-Eier

In einer gescheuerten, sauberen Pfanne läßt man Butter heiß werden, schlägt die Eier behutsam hinein, so daß jedes Ei ganz bleibt, streut etwas feingemachtes Salz darüber und schiebt sie, wenn das Weiße dicklich geworden ist, ohne sie umzuwenden, auf eine Schüssel, schneidet den Rand glatt und richtet sie zu Spinat oder zu ähnlichen Gemüsen an. Da ein wohlgelungenes Spiegelei keinen braunen Rand haben, auch unten nicht bräunlich aussehen darf, so ist es ungeübten Händen zu empfehlen, die Eier in einem Tiegel auf kochendem Wasser zu bereiten.
Auch kann man die Spiegeleier mit folgender Soße anrichten und sie als angenehme Abendspeise reichen.
Auf 4 Personen nimmt man etwa 2 Eier, 1 stark gehäuften Teelöffel Mehl oder Stärke, 1 große Obertasse Wasser, Essig nach Geschmack und soviel Zucker, daß der Essig gemildert wird. Dies alles wird bis zum Aufkochen gerührt, ½ Ei dick Butter durchgemischt, über die heißen Eier angerichtet und die zugedeckte Schüssel einige Minuten auf eine heiße Platte gestellt.

Will man die Spiegeleier als Eingangsgericht nach der Suppe geben, so bereitet man sie nach folgender Weise. Man läßt vom Bäcker ein Weißbrot in Rollenform backen, schneidet dies in Scheiben, entfernt die Krumen, ohne die Rinde zu verletzen und bäckt die Brotrinde in Schmalz goldbraun. Man legt sie auf eine mit Sardellenbutter bestrichene flache Schüssel, bestreicht die Ringe mit dicker saurer Sahne, schlägt in jeden Ring ein Ei, salzt die Eier, beträufelt sie ebenfalls mit etwas saurer Sahne, bedeckt die Schüssel mit einem Butterpapier und bäckt das Gericht bis das Eiweiß erstarrt ist. Sehr hübsch ist als Umkränzung eine Reihe ganzer gefüllter Tomaten.

Das „steht" in den Lippen.

„Strammer Max"

Pro Person: 1 große Scheibe Landbrot (Stuten), Butter, 2 große Scheiben Münsterländer Knochenschinken, 2 Eier, ½ Tomate, 1 Gewürzgürkchen

Das Brot auf einen Holzteller legen, buttern und mit Schinken belegen. Der Schinken muß gut überhängen, so daß man das Brot nicht mehr sieht. 2 Eier werden in der Pfanne zu Spiegeleiern gebacken und warm auf den Schinken gesetzt. Garniert wird mit Tomatenscheiben und einem Gewürzgürkchen.
Dieses Schnellgericht wird in vielen Gaststätten als Spezialität gereicht.

fig. 10

Salate

Kartoffelsalat

1 kg Kartoffeln, 2 Gewürzgürkchen, 2 Zwiebeln,
Soße: 3 Eßl. Mayonnaise, $\frac{1}{8}$ l Sahne, Salz, Pfeffer,
Zucker, 2 Eßl. Gurkenwasser

Dazu Schinkenröllchen oder Bratwurst!

Die Kartoffeln werden geschält und gekocht. Man läßt sie erkalten und schneidet sie in Scheiben. Die Mayonnaise wird mit Sahne und Gurkenwasser glatt gerührt und mit Salz, Pfeffer und Zucker pikant abgeschmeckt. In die Soße gibt man die Kartoffelscheiben, die kleingeschnittenen Gurken und Zwiebeln und mischt alles gut. Der Salat wird meistens mittags schon zubereitet, um die Kartoffelreste vom Mittagessen zu verwerten. Im Sommer schneidet man auch wohl 1 frische Gurke in Würfel und hebt sie unter den Salat. Dazu paßt dann gut Schnittlauch.

Möhrenrohkostsalat

Möhren werden abgeschabt, gewaschen und fein geraspelt. Als Salattunke verwendet man Sahne, die mit Zitronensaft, Salz und Pfeffer abgeschmeckt wird.
Weißkohl- und Rotkohlsalat werden auf die gleiche Art zubereitet. Wichtig ist, daß der Salat vor dem Verzehr gut durchzieht.

Salat in Sahnesoße

Als frische und leichte Beilagen eignen sich grüner „Kopfsalat", Endiviensalat, Schnittsalat, Feldsalat, Tomaten, Bohnensalat, Gurkensalat.
Im Münsterland sind gemischte Salate sehr beliebt. Stellen Sie Ihre Salatschüssel einmal so zusammen:

Grüner Salat, Gurkensalat, oder: grüner Salat, Tomatenachtel, Eischeiben

Übergießen Sie ihn mit der Sahnesoße und heben ihn kurz unter.

Soße: $\frac{1}{8}$ l frische Sahne, Saft einer Zitrone oder
1 Eßl. Essig, Zucker, Salz, Pfeffer, 1 feingeh. Zwie-

bel, etwas frischer Dill, Petersilie oder Schnittlauch

Die Sahne mit dem Zitronensaft oder Essig schaumig aufschlagen, die Gewürze, Salz, Zucker und Zwiebel dazugeben und mit dem Salat kurz vor dem Auftragen mischen.

fig. 11

Kompotte,

gekochte Früchte und Gemüse

Mutti fragen

Saure Gurken (eingelegt)

Die Gurken werden gewaschen, abgerieben, mit Salz bestreut und mit Wasser aufgegossen. Man läßt sie 24 Stunden lang stehen, wäscht sie nochmals ab und trocknet sie mit einem Geschirrtuch ab. Dann übergießt man die Gurken mit unverdünntem Weinessig. Am 3. Tag gießt man den Weinessig ab und kocht ihn auf. Dann schichtet man in ein 5-l-Zubindeglas immer je eine Schicht Gurken, Zwiebeln, Gurkengewürz und Dill im Wechsel. Zuletzt gibt man obenauf 250 g weißen Kandis. Darüber gießt man den Weinessig.

Senfgurken

½ l Weinessig, 750 g Zucker, ½ Handvoll Senfkörner, 1 Durchschlag große Gartengurken

Die Gurken schälen, ausschaben und in große Stücke schneiden. Essig, Zucker und Senfkörner aufkochen, die Gurkenstücke zugeben und glasig kochen. Erkalten lassen und mit dem Saft in Gläser füllen. Eventuell etwas Gurkendoktor obenauf streuen. Mit Cellophan zubinden.

Rote Beete

500 g rote Beete, Salzwasser, ⅛ l Essig (roter Weinessig), ⅛ l Wasser, 1 Prise Zucker, 2 Zwiebeln, 2 Nelken, 2 Lorbeerblätter, Salz, Pfeffer

Die Knollen waschen und in Salzwasser garen. Abschrecken, schälen und in nicht zu dünne Scheiben schneiden. Diese Scheiben abwechselnd mit Zwiebelringen in ein hohes Weckglas schichten. Essig, Wasser, Zucker, Nelken, Lorbeerblätter, Salz und Pfeffer aufkochen und über die Roten Beete gießen. Einige Tage lang ziehen lassen.

Rote Beete passen gut zu Pfefferpotthast, Bratkartoffeln und Sülze oder zu Kartoffelbrei mit Kochfleisch.

Kürbis

1 kg Frucht, ¼ l Weinessig, einige Gewürznelken, 500 g Zucker, Stangenzimt

Den geschälten Kürbis schneidet man in mittelgroße Stücke, gibt diese in die klargekochte Essig-Zucker-Lösung und läßt sie mit Zimt und einigen Gewürznelken gar kochen. Dann läßt man Kürbis und Saft 24 Stunden stehen, gießt den Essig ab, kocht ihn ein und gibt ihn kochend über den Kürbis. Der Vorgang wird nach einigen Tagen wiederholt. Die Gläser werden mit Cellophan zugebunden.

Süßsaure Pflaumen

5 kg Pflaumen, 750 g weißer Kandiszucker, 1 Flasche Rotwein, 3/8 l Essigwasser, ½ Stange Zimt, 5 Nelken

Die Pflaumen entstielen und waschen. Essigwasser mit Zimt und Nelken gut durchkochen lassen, die Gewürze entfernen, Kandiszucker und Rotwein zugießen und wieder zum Kochen bringen. Die Pflaumen dazugeben und bis kurz vor dem Kochen erhitzen. Die Pflaumen dürfen nicht platzen! Mit dem Schaumlöffel herausnehmen, in vorbereitete Gläser füllen, mit der Rotwein-Zucker-Lösung übergießen und mit Einmachhaut verschließen.

Apfelmus

1 kg Äpfel, 60 g Zucker, ½ Tasse Wasser

Die Äpfel schälen, in Stücke schneiden und vom Kerngehäuse befreien. Damit sie nicht braun werden, legt man sie bis zum Kochen in Zitronenwasser. Danach werden sie in einen großen flachen Topf gegeben, mit Zucker bestreut und mit ½ Tasse Wasser begossen. Man läßt die Äpfel zerkochen. Entweder zerstampft man die Äpfel zu grobem Mus, oder man dreht sie durch ein Passiersieb. Abwandlung: 1 Teelöffel Vanille-Zucker unterziehen oder mit Zimt bestreuen.

Kompott von Klaräpfeln bleibt besonders hell!

Dreifrucht, gekocht

500 g Pflaumen, 1 kg Äpfel oder Pfirsiche, 1 kg Birnen (Speckbirnen), 1 l Wasser, 125 g Zucker, ½ Zimtstange

Die Pflaumen abputzen, entkernen und halbieren. Die Äpfel schälen und vierteln, oder die Pfirsiche halbieren. Die Birnen schälen und halbieren. Getrennt kurz überkochen. Man gibt das Obst lagenweise in große Weckgläser (1½ l), kocht das Wasser mit dem Zucker auf und verteilt es in die Gläser. Obenauf ein Stückchen Zimtstange legen. Die Gläser werden mit Gummiring und Deckel verschlossen und zugekocht (20 Minuten, 80°).

Ganz gut spülen!
Ringe waschen!

Notizen & weitere Rezepte:

fig.12

Marmeladen und Gelees

Johannisbeer-Gelee

1 kg rote Johannisbeeren, 1 kg schwarze Johannisbeeren, 2 kg Zucker

Die Johannisbeeren werden gewaschen und mit den Stielchen in einen großen Entsafter gegeben. Der aufgefangene Saft kommt in einen großen Topf und wird unter starker Hitzezufuhr zum Kochen gebracht. Alsdann gibt man den Zucker zu. Man kocht den Saft noch einmal kurz auf, so daß er zu gelieren beginnt. Probe: einen Löffel voll Gelee auf einen kleinen Teller geben. Wenn sich keine Flüssigkeit dünn absetzt, ist das Gelee gut. Es erstarrt auf dem Tellerchen sofort. Noch heiß in Gläser füllen und mit Einmachhaut zubinden.

Für Claus zu Hefeklößen

Pflaumenmus

Im Münsterland, besonders bei Stromberg und in den Baumbergen, gibt es große Pflaumenplantagen.

2,5 kg reife Pflaumen, 250 g Zucker, ½ Zimtstange

Die entsteinten Pflaumen läßt man mit dem Zucker Saft ziehen. Dann langsam zum Kochen bringen und ca. 12 Stunden lang bei ganz geringer Hitze dicklich einkochen. Bitte nicht rühren, sonst brennt das Mus auf dem Topfboden an! Wenn das Pflaumenmus fertig ist, mit dem Mixstab schnell pürieren, in Einkochgläser füllen und zukochen.
Man kann die Pflaumen auch durch den Fleischwolf drehen.

14 Gläser Pflaumenmus
3 – „ – Johannisbeeren } bis 3.10.

Mehrfrucht-Marmelade

je 1 kg Stachelbeeren, Erdbeeren, Kirschen, je 500 g rote Johannisbeeren, Rhabarber, 250 g schwarze Johannisbeeren, 2500 g Zucker

Das Obst verlesen, säubern und in kleine Stücke geschnitten in einen großen Topf geben. Man füllt die Hälfte des Zuckers zu, läßt etwa 2 Stunden Saft ziehen und bringt das Obst dann zum Kochen. Man gibt beim Aufwallen den Rest Zucker dazu und läßt langsam weiterkochen, bis alle Früchte zu Mus geworden sind. Das ist etwa nach ½ - ¾ Stunde der Fall. Noch heiß in Gläser füllen und zubinden.

fig. 13

Desserts

Pudding mit Obst

500 g gekochtes Obst: Pflaumen, Rhabarber, Stachelbeeren, Aprikosen, ½ l Milch, 50 g Zucker, 1 Päckchen Puddingpulver (Vanille), 1 Ei

Aus Milch, Zucker und Puddingpulver wird ein weicher Pudding gekocht. Das Eigelb wird verschlagen und unter den heißen Pudding gerührt. Das Eiweiß wird steif geschlagen. Das gekochte, kalte Obst wird zuerst in eine große Glasschüssel gefüllt. Darüber verteilt man den heißen Pudding. Man häuft den Eischnee darauf und zieht ihn nur leicht mit einer Gabel unter die Creme. Gut auskühlen lassen!

Backobst

Zu Großmutters Zeiten wurde das heimische Obst nicht nur in Gläsern eingeweckt, sondern auch vielfach durch Dörren haltbar gemacht. Diese langwierige Art des Trocknens im Backofen und an der Luft wird uns heute erspart. Wir kaufen das getrocknete Obst und bereiten es heute nur noch im 2. Teil zu:

250 g Backpflaumen, getrocknete Aprikosen usw. oder gemischtes Trockenobst, ¼ l Wasser, 40 g Zucker

Das Obst wird gewaschen und mit Zucker und Wasser über Nacht eingeweicht. Mit dem Einweichwasser am Morgen aufsetzen und so lange kochen, bis der Saft zu Sirup einkocht.
Warm mit Band-Nudeln servieren oder kalt als Nachtisch.

Bratäpfel mit Vanille-Soße

Pro Person 1 saurer Apfel, am besten Boscop

Die Äpfel werden nicht geschält, sondern mit dem Apfelstecher nur in der Mitte ausgebohrt. Sie werden gefüllt:

a) mit Marmelade oder
b) mit einer Mischung aus Zimt und Zucker, Rosinen und gehackten Mandeln.

Eine feuerfeste Form wird ausgebuttert, und die Äpfel werden hineingesetzt. Auf die Äpfel Butterflöckchen geben und in den heißen Ofen schieben (20 Minuten, 200°). Die Äpfel werden heiß serviert.
Dazu reicht man eine kalte Vanille-Soße.

Vanille Soße

knapp ½ l Milch, 1 Päckchen Vanille-Soßenpulver,
40 g Zucker

Von der Milch einige Eßlöffel abnehmen und mit dem Soßenpulver verrühren. Die übrige Milch mit dem Zucker erhitzen, von der Kochstelle nehmen und das angerührte Pulver hineingeben. Aufkochen lassen. Damit sich keine Haut bildet, rührt man die Soße öfter durch, bis sie erkaltet ist.
Bratäpfel wurden früher auch an langen Winterabenden in der Glut des Herdfeuers gebacken.

Wünscht Puter sich zu Weihnachten.

Weinäpfel mit Festtagssoße

5 Äpfel Cox-Orange, 2 Eßl. Zucker, ¼ l Weißwein,
Creme: 6 Eigelb, 160 g Zucker, 1 Vanillezucker,
2 Eßl. Rum, ⅛ l Sahne, etwas geraspelte Schokolade

Die Äpfel schälen, halbieren, das Kerngehäuse ausstechen und die Hälften in Weißwein und Zucker weich dünsten. Erkalten lassen. Je 2 Hälften auf ein Glastellerchen geben und mit folgender Creme übergießen:
Eigelb wird mit Zucker und Vanillezucker ½ Std. lang schaumig gerührt und dann mit Rum und Schlagsahne verrührt. Die gefüllten Tellerchen ½ Std. in den Kühlschrank stellen und mit geraspelter Schokolade überstreuen.

Originalrezept von Henriette Davidis:

Rum-Pudding

Ist Dorti zu schwer.

5 Eidotter werden mit ½ Pfund feingestoßenem Zucker kräftig zu dickem Schaum gerührt, mit etwas abgeriebener Zitronenschale, Salz und dem Saft einer Zitrone gewürzt. Darauf rührt man 16 g in einer kleinen Tasse voll Wasser aufgelöste und aufgekochte Gelatine hinzu, ein kleines Glas Rum und ½ l weißen Wein, alles kalt, zuletzt den steifgeschlagenen Schnee der 5 Eiweiß. Jetzt beginnt die Masse rundlich zu werden, und man gießt den Pudding schnell in die Form zum völligen Erstarren. Ohne Sauce zu reichen.
Die Form braucht nicht mit Mandelöl ausgestrichen zu werden.

Dicke Milch

1 l fette Vollmilch

Die Milch muß frisch und nicht pasteurisiert sein. Sie wurde früher an warmen Tagen abends in eine flache Milchschale geschüttet, abgedeckt und am warmen Ort stehen gelassen. Am anderen Mittag aß man die säuerliche, leicht eingedickte Milch als Kaltschale oder als Dessert mit Zimt und Zucker.

Plundermilch nach „Pinkus Müller"

1 - 1½ ltr. Milch auf 4 - 6 Glasschälchen verteilen. Die Glasschälchen mit einem Tuch bedecken und bei Zimmertemperatur säuern lassen. Man kann den Vorgang des Sauerwerdens verkürzen, indem man in kleinen Bechern Joghurt vorher unter die Milch mischt. Kurz vor dem Verzehr streut man nach Geschmack Zimt und Zucker über diesen vorzüglichen Nachtisch. Wichtig: Vor dem Verzehr nicht umrühren.

Quark als Stippmilch

500 g Quark, 3/8 l Milch, 2 - 3 Eßl. Zucker

Der Quark wird mit der Milch zu einer glatten Creme verrührt und gesüßt.
Man reicht die Stippmilch mit Zimt und Zucker, oder aber man legt frische Früchte wie Erdbeeren, Himbeeren, Johanisbeeren, Pfirsiche, Aprikosen, Kirschen, Brombeeren oder Waldbeeren in eine Schale und deckt die Früchte mit Stippmilch ab.

Westfälische Quarkspeise

Quark anmachen wie bei Stippmilch.

Außerdem: 125 g Pumpernickel, 4 Eßl. Rum, 125 g Schokolade, 1 kl. Glas Apfelmus oder Preiselbeeren

Der Pumpernickel wird zwischen den Händen zerrieben, mit etwas Zucker gemischt und mit Rum getränkt. Darüber reibt man Schokolade grob und mischt auch diese unter.
Dann füllt man lagenweise in eine Glasschüssel: Quark, Pumpernikkelgemisch und das Obst.
Dazu reicht man eine Vanillesoße. Rezept s. S. 95.

Welfencreme

Diese Creme wurde oft als Abschluß eines großen Sonntagsessens gereicht. Sie besteht aus Creme und Soße.

Creme: ½ l Milch, einige Tropfen Vanille-Aroma, 1 Pr. Salz, 40 g Zucker, 25 g Speisestärke, 2 Eischnee

Milch, Vanille-Aroma, Salz und Zucker werden erhitzt und von der Herdstelle genommen. Die angerührte Speisestärke wird mit zum Kochen gebracht. Danach hebt man die zwei Eischnee unter und füllt die Creme in eine Glasschale.

Soße: 2 Eigelb, 4 Eßl. Zucker, Saft von 1 Zitrone, 1/8 l Wasser / 1/8 l Weißwein, 15 g Speisestärke.

Die Zutaten kalt verquirlen und im Wasserbad zu einer dicklichen Soße schlagen. Diese gießt man auf die erkaltete Creme.

fig 14

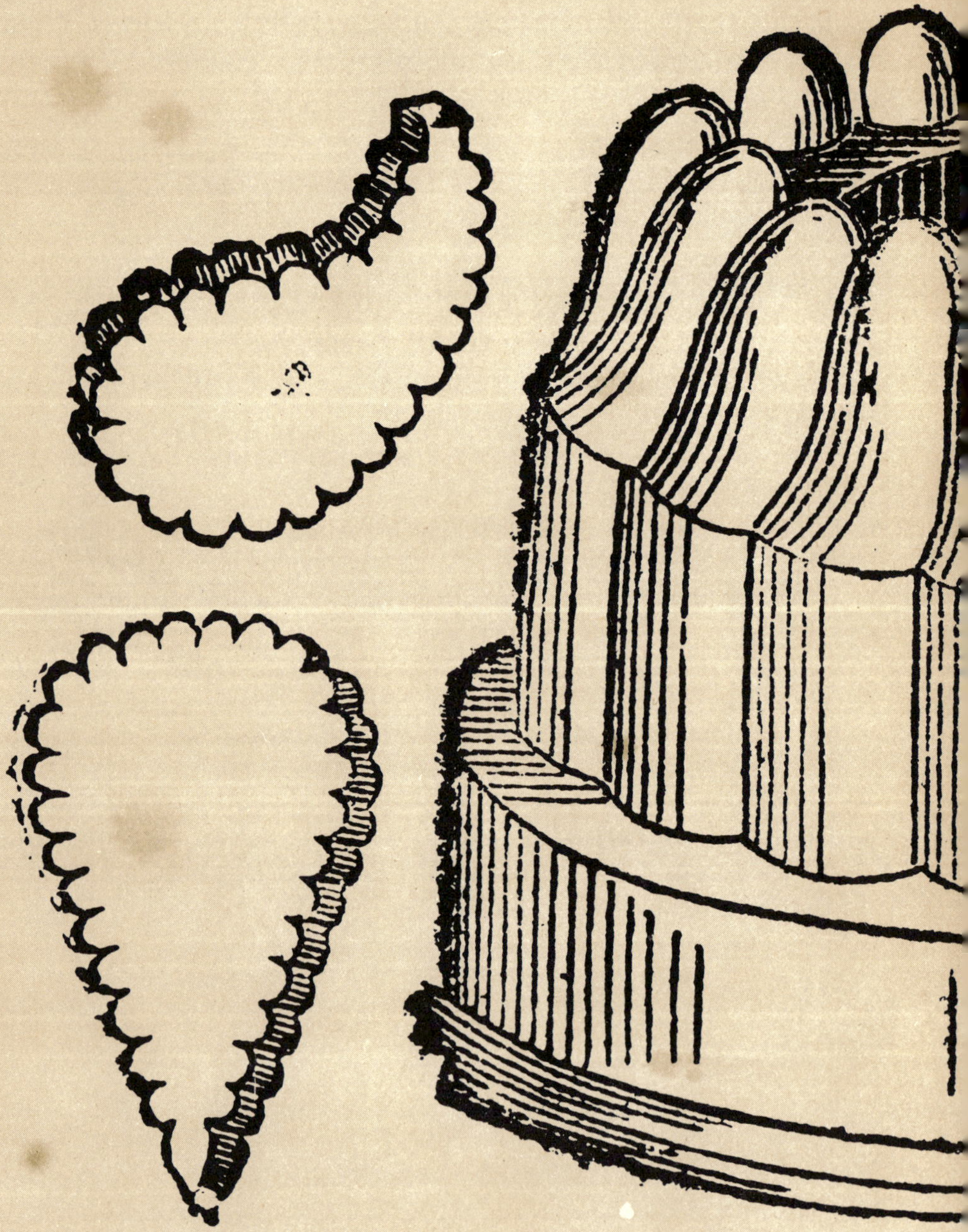

Kuchen und Gebäck

Grundrezept – Hefeteig

500 g Mehl, 40 g Hefe, ¼ l Milch (lauwarm), ½ Teel. Salz, 60 g Schmalz und Margarine, 40 g Zucker

Hefe zerbröckeln, mit Zucker überstreuen und mit etwas lauwarmer Milch (3 Eßl.) glattrühren. Die Hälfte des Mehls in eine tiefe Schüssel geben, in die Mitte eine Vertiefung drücken und die Hefe hineingeben, etwas Mehl überstreuen und zugedeckt warmstellen.
In der Zwischenzeit die Milch mit dem Salz, mit Zucker und Fett lauwarm werden lassen. Nach etwa 15 Minuten die lauwarme Flüssigkeit zu dem Mehl in die Schüssel rühren, bis sich alles gut vermischt. Wenn der Teig glatt ist, nach und nach den Rest des Mehls dazugeben und mit dem Kochlöffel oder dem Knethaken so lange schlagen, bis der Teig fest ist. Nun den Teig auf einem Brett mit den Händen sehr gut durchkneten, bis er sich leicht vom Brett löst. Dann in eine Schüssel geben und wieder zugedeckt etwa 25 Minuten lang gehen lassen (an einem warmen Ort). Wenn sich die Teigmenge verdoppelt hat, noch einmal kurz durchkneten, formen und wieder 15 Minuten lang zugedeckt gehen lassen. Nun in den vorgeheizten Backofen schieben.

Weißbrot „Bauernstuten"

1 kg Mehl, ½ l Milch (lauwarm), 40 g Hefe, ½ Eßl. Zucker, ½ Eßl. Salz, 50 g Schmalz

Der Teig wird nach dem Grundrezept zubereitet und in einer ausgefetteten Brotform oder auf der Platte etwa eine Stunde bei 200° gebacken.
Man kann das Brot, wenn es gar ist, mit Milch bestreichen, damit die Oberfläche glänzend wird.

Versuchen Sie doch einmal auch dieses Rezept!

Buttermilchstuten

500 g Weizenmehl, 500 g Roggenmehl, ¼ l Buttermilch, 250 g Magerquark, 40 g Hefe, ½ Eßl. Zucker, ½ Eßl. Salz, 60 g Schmalz

Buttermilchstuten nach dem Grundrezept zubereiten. Buttermilch, Quark, Zucker, Salz und Schmalz zusammen lauwarm untermengen.

Pumpernickel

Für Claus gebacken am 9. April

ist ein schwarzes Roggenschrotbrot. Es wird unter Zusatz von Rübenkraut hergestellt und erhält dadurch seinen süßlichen Geschmack und sein feuchtglänzendes Aussehen. Pumpernickel gilt neben dem Schinken in der ganzen Welt als die münsterländische Spezialität schlechthin.
Seine schwarze Farbe erhält der Pumpernickel durch langes Backen, wobei der natürliche Zucker im Roggenmehl das vitaminreiche Brot dunkel und süß macht.
Dieses Brot wird in der Regel als sogenannte Beilage gegessen:
Man buttert eine deftige Scheibe Stuten und belegt sie mit feingeschnittenem Schinken oder mit Mettwurstscheiben. Eine halbe Scheibe Pumpernickel wird ebenfalls gebuttert und mit der bestrichenen Seite zuunterst auf die Wurst gelegt. Eine Ausnahme besteht: Man buttert eine Scheibe Pumpernickel und belegt sie mit Leberwurst. Dazu ißt man Zwiebelringe oder Gewürzgürkchen.

(Mit Käse zwar nicht typisch, aber natürlich lecker!)

Knabbeln

Früher gab es Knabbeln in fast jeder münsterländischen Familie zum 1. Frühstück. Heute werden sie noch auf vielen Bauernhöfen gegessen. Man ißt sie aus tiefen Spezialtassen, den „Knabbelkümpkes", die man immer noch im Münsterland handwerklich herstellt, z. B. in den Ochtruper Pottbäckereien.

Doch nun das Rezept:
1 ofenwarmer Stuten wird in große Stücke gebrochen und im Ofen gelblich geröstet. Diese großen Knabbeln gibt man, kleiner gebrochen, in die Tassen, bestreut sie mit viel Zucker und übergießt sie mit heißer Milch. Die Haut auf der Milch, bei uns Schmand genannt, krönt dieses 1. Frühstück.
Abwandlung: Mischkaffee (Malzkaffee und Milch).

Stutenkerl

Ein beliebtes Gebäck zum Nikolaustag ist der sogenannte Stutenkerl, ein aus Brotteig hergestelltes Männchen. Jedes Kind findet es am Nikolausmorgen auf seinem Teller und nimmt es als Frühstück mit zur Schule.

500 g Mehl, 40 g Hefe, ¼ l Milch, 1 Pr. Salz, 100 g Margarine, 60 g Zucker, 2 Eier

Aus den Zutaten einen geschlagenen Hefeteig herstellen. Ausrollen. Eine Schablone für den Stutenkerl herstellen. Ausschneiden. Als Augen 2 Rosinen einsetzen. Eine kleine Tonpfeife da einlegen, wo der Mund angedeutet wird. Abbacken. Evtl. mit Zuckerglasur zart überziehen.

Westfälischer Pflaumenkuchen vom Blech

Doppelte Menge Mürbteig (s. Rhabarbertorte), 2 Gläser Pflaumenmus à 450 g, 1 Eigelb, Hagelzucker

⅔ vom Mürbteig auf Backblechgröße ausrollen und halb gar backen. Dann mit dem Pflaumenmus bestreichen. Aus dem restlichen Mürbteig Streifen ausrädeln und als Gitter auf das Mus legen. Das Gitter mit Hagelzucker bestreuen. Abbacken bei 200°, 20 Minuten lang.
Anstelle von Pflaumenmus ist im Münsterland auch Apfelmus auf dem Mürbteig sehr beliebt.

Westfälische Appeltate

Bei größeren sonntäglichen „Visiten" gab es in münsterländischen Familien Appeltate. Auf großen Tellern aufgetürmt, bildet die Appeltate in Herbst und Winter neben dem Streuselkuchen den Mittelpunkt einer gut bürgerlichen Kaffeetafel.

500 g Mehl, 40 g Hefe, ¼ l Milch (lauwarm), 1 Prise Salz, 80 g Margarine, 60 g Zucker.
Füllung: 2 kg Äpfel, 60 g Zucker, 2 Vanille-Zucker, 80 g Rosinen, 50 g gehackte Nüsse, Zimt, Paniermehl

Mit viel Sahne!

Der Teig wird nach dem Grundrezept hergestellt. Nach dem Aufgehen wird ⅔ des Teiges auf einem gefetteten und bemehlten Backblech ausgerollt, der Rand wird hochgedrückt und der Teig dünn mit Paniermehl bestreut. Die Äpfel schälen, in dünne Scheiben schneiden, mit den Nüssen, Rosinen, dem Zucker und dem Zimt vermischen und auf dem Teig verteilen. Der Teigrest wird dünn ausgerollt, über die Füllung gelegt und an den Seiten gut angedrückt. Der Kuchen wird bei 200° etwa 30 Minuten gebacken. Nach dem Backen die Appeltate mit Zuckerglasur bestreichen. Zuckerglasur s. S.104.

Äpfel im Schlafrock

Hefeteig siehe Grundrezept, 8 mürbe Äpfel

Man bereitet den Teig nach dem Grundrezept. Wenn er fertig ist, rollt man ihn dünn aus. Man wäscht die Äpfel, bohrt das Kerngehäuse heraus und legt je 1 Apfel auf ein viereckiges Stück Teig, bepinselt die Ränder des Teiges mit Eigelb, bestreut die Äpfel mit Zucker, schlägt den Teig von den vier Ecken aus über den Apfel und bestreicht ihn mit Eigelb. Die Äpfel werden bei starker Hitze gebacken und nach dem Backen mit Zuckerglasur bestrichen. Im Sommer aß man die Äpfel im Schlafrock nach diesem Rezept, im Winter jedoch aß man Boscopäpfel, die im Backofen oder hinten auf dem Kohlekochherd gebacken wurden.

Zuckerglasur

250 g Puderzucker, 2 Eßl. Zitronensaft, 2 Eßl. heißes Wasser

Die angegebenen Zutaten glatt rühren und über das fertige Gebäck streichen.

Rhabarbertorte

Mürbteig Grundrezept: 65 g Butter, 65 g Zucker, 1 Ei, 200 g Mehl, 1 gestr. Teel. Backpulver.

1 kg Rhabarber, 2 Eier, 125 g Zucker, Zitronenschale, 60 g Zucker, 50 g Zwieback, 50 g Mandelstifte.

Muß nicht sauer schmecken

Aus Butter, Ei, Zucker, Mehl und Backpulver wird ein Knetteig hergestellt, in eine Springform gedrückt und im Backofen vorgebacken. In der Zwischenzeit wird der Rhabarber klein geschnitten und mit 60 g Zucker vermischt. Der Saft wird abgeschüttet und der Rhabarber auf den vorgebackenen Mürbteigboden gegeben. Eigelb mit Zucker schaumig rühren, dann abgeriebene Zitronenschale, geriebenen Zwieback und Eischnee dazugeben. Diese Masse auf den Rhabarber füllen und mit Mandeln bestreuen. Den Kuchen bei 200° etwa 25 Minuten lang weiterbacken. Wenn der Kuchen kalt ist, mit Puderzucker bestreuen.

Originalrezept von Henriette Davidis:

Westfälischer Butter-, Kaffee- oder Zuckerkuchen

Zum Teig 2 Pfund erwärmtes Mehl, 250 g gewaschene und womöglich ausgesteinte Rosinen, 125 g halb Butter, halb gutes Schmalz zusammen langsam geschmolzen, 50 g frische Hefe, ½ l warme Milch und, wenn man sie gerade hat, 2 Eßlöffel dicke saure Sahne; zum Bestreichen des Kuchens 125 g geschmolzene Butter und zum Überstreuen 125 g Zucker und etwas Zimt.
Der Teig werde in einer warmen Schale angemengt, mit dem etwa noch fehlenden Mehl auf dem Kuchenbrett verarbeitet, geworfen,

damit er zarter wird und ausgerollt, dann auf eine Kuchenplatte geschoben, nachdem er aufgegangen, mit 125 g Butter bestrichen und mit ebensoviel Zucker bestreut und in gut geheiztem Ofen rasch braun gebacken.

Auch so backte Henriette Davidis:

Brauttorte

1 Pfund gut ausgewaschene Butter, 1 Pfund geriebene frische Mandeln, 1 Pfund gestoßener und durchgesiebter Zucker, 1 Pfund feines erwärmtes Mehl, 12 Eier, abgeriebene Schale einer Zitrone und ein Teelöffel von Muskatblüte. Zum Bestreichen der gebackenen Kuchen gehören 4 Eidotter, 125 g geriebener Zucker, 125 g frische ausgewaschene Butter, Saft von 4 Zitronen, von denen eine abgerieben wird

Man reibe die Butter an einem warmen Ort zu Sahne, gebe nach stetem Rühren abwechselnd nach und nach Zucker, Gewürze, Eidotter und Mandeln hinzu und rühre die Masse ½ Stunde. Dann rühre man das Mehl langsam hinzu, so auch das zu Schaum geschlagene Eiweiß, und backe davon 4 gleiche Kuchen bei 2 Grad Hitze dunkelgelb, nicht braun. (Anmerkung: Heute 200° - 15 Minuten)
Zum Bestreichen der Kuchen koche man ein Zitronenmus wie folgt: Man lasse die bemerkte Butter auf schwachem Feuer schmelzen, rühre Zucker, Zitronenschale, Eidotter und den Zitronensaft hinzu, rühre stark, bis das Mus dicklich wird, nehme es schnell vom Feuer, rühre es noch eine Weile, bestreiche damit 3 Kuchen und lege alle 4 Kuchen aufeinander. Andern Tages schneide man den Rand mit einem scharfen Messer glatt, bestreiche die Fläche mit dem Zuckerguß und verziere ihn hübsch mit Myrten und feinen Blumenblättern. Dieser Kuchen gewinnt dadurch, daß man ihn mehrere Tage vor dem Gebrauch bäckt, wie es bei allen Auflegekuchen der Fall ist. Als gehaltreicher Kuchen wird er in feine Stücke geschnitten. Überreste können längere Zeit aufbewahrt werden.

Zwiebacktorte

200 g Butter, 250 g Zucker, 8 Eier, 250 g Zwiebäcke, 4 Eßl. Sahne, ½ Päckchen Backpulver, 2 Eßl. Rum

Butter, Zucker und Eigelb werden schaumig gerührt. Der zerstoßene Zwieback wird mit Sahne vermengt und in die Eigelbmasse gegeben. Darunter kommen Rum, Backpulver und Eischnee. Eine 26 cm ∅ Springform wird gefettet und mit dem Teig gefüllt. Abbacken bei 180° in 40 Minuten. Aus der Form lösen und mit Zuckerglasur (Rezept s. S.104) bestreichen oder füllen:

a) mit Buttercreme: ¼ l Milch, 50 g Zucker, 20 g Speisestärke, 250 g Butter.

Aus Milch, Zucker und Speisestärke einen dicken Pudding kochen und unter Rühren lauwarm abkühlen lassen. Der kalte Pudding wird eßlöffelweise unter die Butter geschlagen.

b) mit Mokkasahne: ½ l Sahne, 40 g Zucker, 1 Päckchen Vanille-Zucker, 2 Eßl. Pulverkaffee

Die Sahne steif schlagen, süßen und mit dem Kaffeepulver mischen. Die Torte 2 mal durchschneiden, füllen und garnieren.

Eiserkuchen, „Neujahrskuchen" genannt

Am letzten Tag des Jahres wurden in fast allen Familien des Münsterlandes Eiserkuchen gebacken. Daran beteiligte sich die ganze Familie. Früher benutzte man dazu gußeiserne Backzangen, die man in das offene Herdfeuer hielt. Die Hörnchen wurden am Neujahrstag dem Besuch angeboten, daher nannte man sie auch Neujahrskuchen.

65 g Butter, 250 g Zucker, 1 Päckchen Vanille-Zucker, 2 Eier, 250 g Mehl, ⅜ l Wasser

Die Butter schaumig rühren und nach und nach Zucker und Eier hineinrühren. Das gesiebte Mehl abwechselnd mit dem Wasser unterrühren. Der Teig muß ziemlich dünn sein. Eiserkucheneisen erhitzen und mit einer Speckschwarte fetten. Einen großen Löffel voll Teig auf das Eisen geben, zuklappen und goldbraun backen. Das hauchdünne Gebäck schnell vom Eisen lösen und zu Tüten oder Röllchen wickeln. In Blechdosen halten sich diese Eiserkuchen über Wochen hinweg knusprig frisch.

Prima mit Sahnefüllung

Karamellen, Hausmacher-Art

½ l Sahne, 150 g weißer oder brauner Kandis

Die Sahne mit dem Kandiszucker zum Kochen bringen und unter Rühren einkochen lassen, bis die Masse hellbraun und dickflüssig ist. Auf geölte Bleche gießen und abkühlen lassen. Bevor die Masse ganz ausgekühlt ist, in Würfel schneiden und dann restlos erstarren lassen.
Zu Nuß- oder Mandelkaramellen kann man die eingekochte Masse mit 100 g gemahlenen Mandeln oder Nußkernen vermischen.

Lassen Sie Ihre Kinder das mal machen!

Doris Geburtstagswunsch

Notizen & weitere Rezepte:

Handschriftlich überlieferte und verfeinerte Rezepturen aus der Schatulle des Konditormeisters des Café Schucan:

Dom Stangen

1 ℔ Mürbteig wird folgende Masse eingeschlagen

1/2 ℔ Marzipan
35 gr Honig, Rum
25 gr Aprikosenkonfitüre

55 cm lang
3 cm breit
10 cm lang schneiden

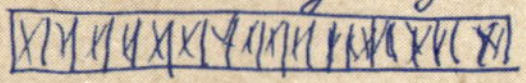

Wiedertäufer-Scheiben

180 gr Zucker
100 gr Butter
65 gr Honig
65 gr Glyko
65 gr Orangeat
125 gr gehobelte Mandeln
600 gr gehackte rote Früchte

Diese Masse abrösten und Scheiben backen und auf runde Mürbteig-plättchen mit Nougat auflegen

Baumkuchen

60 Gelbe, 2 ℔ Zucker 200 gr Marzipan, 60 Eiweiß, 100 gr Mandelgries, 2 ℔ Mehl halb Weizenpuder 2 ℔ Butter, Rum Arrak Vanille Zitronen Schale

Notizen & weitere Rezepte:

Butter Zucker Mandelkerne Eigelb + Mehl schaumig
die geschlagenen gelben darunter rühren
zuletzt das geschlagene Eiweiß mit den andern
Zutaten nach darunter rühren.

Rühr-Boden

1 Pfd Mehl 50 gr Hefe 200 gr Butter
1/4 Pfd Zucker 4 Eier 1/4 l Milch
200 gr Füllung Rosinen Zitronat Mandeln
Orangat + Korinthen

Stollen

5 Pfd Mehl, 5 Eier 200 gr Zucker
2 Pfd Butter 3 abgr. Zitronen 2 P. Vanille
15 gr Salz 200 gr Hefe 1/2 l Milch
3 1/2 Pfd Rosinen 1/2 Pfd Zitronat 1/2 Pfd Orangat
3/4 Pfd gehackte Mandeln.

Käsegebäck

500 gr Mehl 1/4 Pfd Schweizer Käse 1/4 Pfd Chester
300 gr Butter 1/16 l Sahne Salz Paprika
wie Mürbteig anmachen.

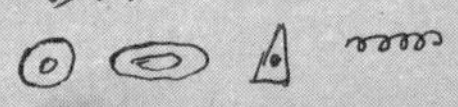

Butterapfeltorte

200 gr Butter 200 gr Zucker
240 gr Mehl etwas Backpulver
4 Eier Zitr. Salz Rosinen m/Rum
Apfelscheiben einlegen.

Notizen & weitere Rezepte:

Notizen & weitere Rezepte:

fig. 15

Getränke

Korn

Wir haben Sie schon mehrfach auf den münsterländischen Korn hingewiesen. Der aus Roggen gewonnene Schnaps wurde früher auf den Bauernhöfen gebrannt. Heute stellt man ihn überwiegend in kleineren und größeren Brennereien her, die in vielen Orten des Münsterlandes anzutreffen sind.
Aus gläsernen „Pinnekes" oder „Hüüldoppen" oder aus Zinnlöffeln dem Besuch angeboten, vormittags, abends, zu kräftigen Speisen und zum Bier getrunken, wirkt er appetitanregend. Er steigert das Wohlbefinden, verbessert die Bekömmlichkeit der Speisen und ist ein bewährtes Hausmittel gegen aufkommende Erkältungen.

Aufgesetzter

ist eine beliebte, etwa dem Likör angenäherte Variante des „Korns" mit süßlich-fruchtigem Geschmack, der sonntags nachmittags dem Besuch angeboten wurde.
Flaschen, bei größeren Mengen Korbflaschen, werden von der Hausfrau bis zu einem Drittel mit schwarzen Johannisbeeren oder mit Sauerkirschen aufgefüllt. Überdeckt mit einer fingerdicken Schicht weißen Kandiszuckers, wird dann schließlich bis zum Rande 32 %-iger „Klarer" aufgesetzt.
Bei den Sauerkirschen gibt eine Vanilleschote noch eine charakterisierende Abrundung. Den mit schwarzen Johannisbeeren aufgesetzten Schnaps nennt man auch „Kassebetten".
Der Aufgesetzte soll mindestens sechs Wochen lang gut durchziehen. Es empfiehlt sich auch, ihn während dieser Zeit ans Fenster zu stellen, damit er sich bei Sonnenlicht und mäßiger Wärme voll entfalten kann. Das dunkelrot schimmernde und blumig duftende Getränk stellt die kluge Hausfrau dann jedoch besser sorgsam in eine etwas dunklere Ecke. Es könnte vorzeitig „auf" sein.

Bier

wurde früher in den Haushalten gebraut. Es gehörte zu den Hauptgetränken für die ganze Familie. Den Knechten und Mägden stand sogar ein festes Quantum Bier pro Tag als Teil der Entlohnung zu. Im Sommer wurde Bier zur Erfrischung unter Zusatz von verschiedenen Früchten getrunken, so wie es noch heute als sogenannte Bierbowle in manchen Gaststätten angeboten wird.
Erhitztes Bier galt wegen seiner schweißtreibenden Wirkung als bewährtes Heilmittel bei Erkältungen.
Bei Bier konnte man sich keine Seuchenkrankheiten zuziehen, denn durch die Gärung wurden gesundheitsschädliche Keime abgetötet. Trinkgefäß waren große Steingutkrüge mit aufklappbaren Zinndekkeln. Auf großen Bauernhöfen gab es eigens Brauhäuser. Einzelne spiekerähnliche Exemplare sind hier und da noch zu finden. Viele altmünsterische Gaststätten entstanden aus Braustuben, von denen eine große Anzahl über das ganze Stadtgebiet verteilt war.
Erst im Zuge der Arbeitsteilung entwickelten sich im vorigen Jahrhundert die großen Brauereien, in denen das Bier heute industriell, aber noch nach alten, hauseigenen Rezepten gebraut wird.
Kinderbier:
Hier und da erhielten die Kinder an schönen Sonntagabenden ein eigenes Kinderbier. Dazu wurden Eier mit Zucker sahnig geschlagen und schließlich das dunkle Bier hinzugegeben. Dann prosteten sie dem Vater mit seinem Bierkrug lustig zu.

Notizen & weitere Rezepte:

Notizen & weitere Rezepte:

Ich habe gute Dienerschaft;
Die Knechte heißen: „Selbstge
Und „Spät zu Bett" und „
Zeit",
Die Mägde „Ordnung", „R
keit".

Inhalt und Impressum

ﬀt"
bei

lich=

Geflügel

VI Fisch

VII Eintöpfe

VIII Pfannengerichte

IX Eiergerichte

X Salate

XI Kompotte, eingelegte und eingekochte Früchte

XII Marmeladen und Gelees

XIII Desserts

XIV Kuchen und Gebäck

XV Getränke

Viele Köche verderben den Brei?

Dieses Sprichwort mag stimmen, doch wenn es darum geht, ein schönes Buch zu machen, bedarf es schon einiger Köche und deren verschiedene Zutaten.

Hier gilt dann die Faustregel frei nach Henriette Davidis: „Man nehme ...!”

Frau Gisela Allkemper aus Laer (Kreis Steinfurt) und Frau Annelene von der Haar aus Ochtrup (Kreis Steinfurt) haben einige Jahre gebraucht, um diese Rezepte zu sammeln, aufzuschreiben und auszuprobieren. Sie haben versucht, die Eigenarten der münsterländischen Küche festzuhalten und haben damit Rezepte bewahrt, die leider im Begriff sind, vergessen zu werden.

„Pinkus Müller”, allerorts bekannt als das münstersche Gasthaus mit Tradition und Gefühl für das Erhaltenswerte - besonders in der Küche -, hat seine typisch münsterschen Rezepte diesem Buch beigefügt. Besonders freue ich mich, daß der „Alte Pinkus” seinen Spaß an diesem Buch hatte und das Vorwort schrieb.

Ein besonderes Aroma geben diesem Kochbuch „Café Schucans” geheimnisumwitterte Zutaten für münstersche Backspezialitäten.

Damit wäre der Braten im Topf!

Die Idee von Anfang an unterstützt und uns allen Mut gemacht, hat Herr Prof. Wiegelmann von der Volkskundlichen Kommission. Bedanken muß ich mich an dieser Stelle auch bei den Freunden, die die verschiedensten Zutaten geliefert haben, und die in einem Impressum meistens zu kurz kommen.
Die Idee des Leineneinbands hatte Hubertus Roters, die Druckvorlage habe ich von Rose Müller, der Blaudruckerin aus Aulendorf bei Billerbeck, die Schrift malte mir Antje Vogel-Steinrötter, gesetzt wurde der Text von Herrn Schmitte, Fotosatz Münsterland, in

Ladbergen. Die Bildvorlagen kommen aus alten Büchern, die Peter van Lindonk für mich gesammelt hat.

Hier muß ich mich besonders bei Druck + Buch Cramer in Greven, Herrn Arndt, Herrn Beuning und Herrn Krehe bedanken, die dafür gesorgt haben, daß die gesamte Herstellung, Papier, Satz und Druck prima klappten.

Es wären noch viele Namen zu nennen, Iki und Astrid Troschke, Gro Songe-Möller-Lühn, Lilly Glock, Horst Wolff, Bernd Lucas, Hans Schulz u. a., bei so vielen hätte ich mich noch zu bedanken, die leider ungenannt bleiben müssen.

Meine Aufgabe war es, alles in einen Topf zu stecken, abzuschmekken und kräftig umzurühren.

Guten Appetit.

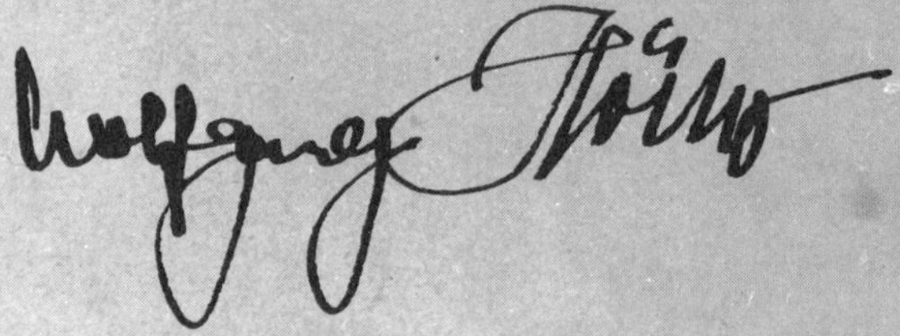